어휘를 알아야 만점을 잡는다!

스토리텔링식 신교과서 학습을 위한

마법의 상위권 어휘

초등 4-1 단계

상위권이 되려면 어휘부터 잡아라!

학교 공부란 책을 읽고 그 속에 담긴 지식과 생각을 바르게 이해하고, 자기 생각을 말과 글을 통해 정확히 표현하는 것입니다. 그러므로 학교 공부는 다양한 내용의 어휘를 마음껏 부리어 사용하는 활동이라고 해도 지나친 말이 아닙니다. 학교 공부를 잘하려면 어휘력이 있어야 한다는 말은 그래서 나온 것입니다. 어휘력이 높은 학생이 그렇지 못한 학생보다 좋은 성적을 받고 있는 것은 실험을 통해서도 확인이 된 사실입니다.

> "한자 공부는 어휘 학습에 꼭 필요해요."

어휘력을 키우기 위해서는 어휘 공부를 별도로 해야 합니다. 책을 많이 읽으면 일반 생활 어휘는 익힐 수 있습니다. 그러나 교과서에 나오는 학습 어휘, 예를 들어 축척 · 등고선 · 침식 · 퇴적과 같은 어휘는 동화책이나 인물 이야기에서는 배우기 어렵습니다. 이러한 학습 어휘는 학교 공부에서 중요한 역할을 하기 때문에 따로 배우지 않으면 안 됩니다. 〈마법의 상위권 어휘〉는 학습 어휘를 재미있게 배울 수 있도록 만든 좋은 어휘 교재입니다.

그런데 이러한 학습 어휘는 대부분 한자로 되어 있지요. 그래서 어휘 공부를 하려면 한자를 함께 배우지 않으면 안 됩니다. 문제는 한자 학습법이 아직도 '무조건 외워라' 하고 강요하는 방식이라는 점이지요. 하지만 이제는 바꿔야 합니다. 무조건 외우는 천자문식 학습법 대신, 이 책에서 소개하는 연상 암기법으로 한자를 익히면 쉽고 재미있게 한자를 익힐 수 있을 것입니다. 학습 어휘도 배우면서 초등 필수 한자도 익힐 수 있는 일석이조 학습은 〈마법의 상위권 어휘〉만의 자랑입니다.

박원길 **전주 성심여고 교사**
〈한자 암기 박사〉
〈국가대표 한자〉 저자.
〈마법의 상위권 어휘〉 감수 위원.

상위권 도약의 비결, 바로 언어 사고력을 키워 주는 어휘 학습!

상담을 위해 저를 찾은 학부모님들 중에는 이런 말씀을 하시는 분들이 참 많습니다. 1, 2학년 때만 해도 상위권을 유지하던 아이인데, 학년이 올라가니까 성적이 떨어지고, 공부도 싫어한다는 겁니다. 이런 아이들을 살펴보면, 학습지나 문제집에서 많이 보았던 문제는 잘 풀지만, 조금만 낯선 유형의 문제가 나와도 당황하여 포기하고 말지요. 학년이 올라갈수록 공부는 점점 더 어려워집니다. 어려운 개념도 많이 등장하고, 응용력과 사고력을 요구하는 다양한 유형의 문제들이 많이 나옵니다. 하지만 단순 반복적인 학습지, 그대로 떠먹여 주는 공부법에 익숙해지면, 시험 문제를 풀 때도 머리로 생각하기보다 습관처럼 손이 먼저 움직이기 마련입니다. 당연히 낯선 지문, 낯선 유형의 문제에는 손이 가지 않겠지요.

이 세상의 지문과 문제를 모두 풀어 볼 수는 없습니다. 그래서 새로운 지문과 문제가 나왔을 때 배우지 않고도 짐작할 수 있는 추론 능력이 필요합니다. 〈마법의 상위권 어휘〉에서는 지문을 읽으면서 어휘의 뜻을 유추하는 훈련을 하고, 어휘를 낱글자별로 뜯어서 분석하는 훈련을 합니다. 이러한 유추와 분석의 과정을 거쳐서 자연스럽게 추론 능력이 생기게 되지요. 이는 오랜 현장 경험을 통해 효과를 검증받은 학습법이기도 합니다. 또 모든 과정이 재미있게 진행되므로 아이들이 싫증 내지 않고 공부할 수 있습니다.

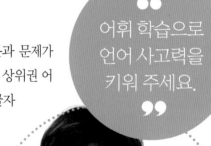

〈마법의 상위권 어휘〉는 상위권 도약을 꿈꾸는 아이들과 학부모들을 위해 마련된 프로그램입니다. 이 책을 만나는 모든 어린이들이 뛰어난 어휘력과 추론 능력을 갖추고 상위권으로 도약하는 기쁨을 맛보기 바랍니다.

김명옥 **한국학습저력개발원 원장**
〈평생성적, 초등 4학년에 결정된다〉, 〈아이의 장점에 집중하라〉 저자.
〈마법의 상위권 어휘〉 기획 자문 위원.

"어휘 학습으로 언어 사고력을 키워 주세요."

언어 사고력을 키우는 VIVA 학습법을 공개합니다!

상위권으로 가는 마법의 학습법

Vision 상상

재미있는 이야기 속에서 어휘의 뜻을 상상합니다.

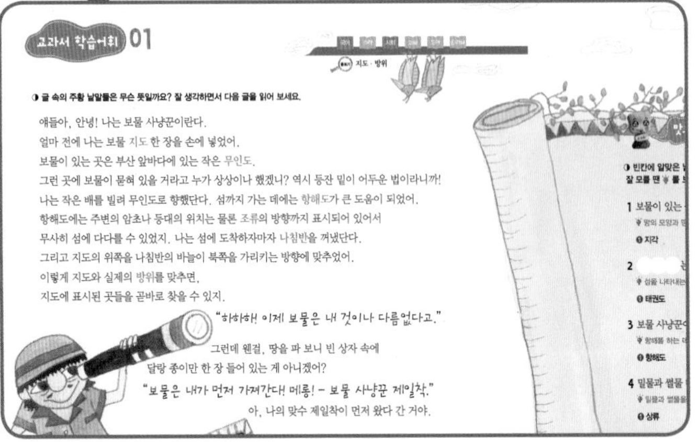

교과서 학습어휘 01

지도 · 방위

◑ 글 속의 주황 낱말들은 무슨 뜻일까요? 잘 생각하면서 다음 글을 읽어 보세요.

얘들아, 안녕! 나는 보물 사냥꾼이란다.
얼마 전에 나는 보물 지도 한 장을 손에 넣었어.
보물이 있는 곳은 부산 앞바다에 있는 작은 무인도.
그런 곳에 보물이 묻혀 있을 거라고 누가 상상이나 했겠니? 역시 등잔 밑이 어두운 법이라니까!
나는 작은 배를 빌려 무인도로 향했단다. 섬까지 가는 데에는 항해도가 큰 도움이 되었어.
항해도에는 주변의 암초나 등대의 위치는 물론 조류의 방향까지 표시되어 있어서
무사히 섬에 다다를 수 있었지. 나는 섬에 도착하자마자 나침반을 꺼냈단다.
그리고 지도의 위쪽을 나침반의 바늘이 북쪽을 가리키는 방향에 맞추었어.
이렇게 지도와 실제의 방위를 맞추면,
지도에 표시된 곳들을 곧바로 찾을 수 있지.
"하하하! 이제 보물은 내 것이나 다름없다고."
그런데 웬걸, 땅을 파 보니 빈 상자 속에
달랑 종이만 한 장 들어 있는 게 아니겠어?
"보물은 내가 먼저 가져간다! 메롱! – 보물 사냥꾼 제일착."
아, 나의 맞수 제일착이 먼저 왔다 간 거야.

◑ 빈칸에 알맞은 …
잘 모를 땐 … 를 …

1 보물이 있는 …
❶ 지각

2 … 는
❶ 태권도

3 보물 사냥꾼이 …
❶ 항해도

4 밀물과 썰물 …
❶ 상류

이야기로 익힌다!

- 재미있는 이야기로 공부 부담을 줄입니다.
- 이야기 속에서 어휘의 뜻을 상상하며 유추의 힘을 키웁니다.
- 이야기 속에서 상상한 뜻을 맛보기 문제를 풀며 확인합니다.

Insight 통찰

낱글자 풀이를 보며 어휘의 구성 원리를 터득합니다.

평평한 종이에 높고 낮은 산봉우리를 어떻게 나타낼 수 있을까?
오른쪽 지도를 보면, 구불구불 마치 나무의 나이테처럼
곡선들이 안팎으로 겹쳐진 것을 볼 수 있지?
이 선들은 같은 높이의 땅을 연결한 것인데, 선마다 높이가 달라.
이 선을 '등고선'이라고 한단다.

땅의 높이를 선과 색깔로 나타내는군.

같을 등 等 높을 고 高 줄 선 線
등고선

낱 같은【等】 높이【高】를 연결한 줄【線】.
교 땅의 높낮이를 알 수 있는 선으로, 바다의 수면을 기준으로 높이가 같은 곳을 연결한 선.
예 지도에서는 땅의 높낮이를 등고선과 색깔로 나타낸다.

바다 속 깊이는 '등심선'으로 나타내.

등고선에는 '주곡선'과 '계곡선'이 있어.
주곡선은 가는 실선으로, 계곡선은 굵은 실선으로 그린단다.
주곡선 5개 가운데 1개씩을 굵은 계곡선으로 나타내어
지도에서 알아보기 쉽게 한 거야.

자주 보이니까 주곡선!
줄 수를 세기 쉬우라고 계곡선!

저절로 외워진다!

- 초등학교 학습 어휘의 90퍼센트 이상은 한자 어휘이며, 한자 어휘는 한자가 둘 이상 모인 복합어입니다.
- 어휘 속에 들어 있는 한자의 뜻만 알아도 어휘 뜻이 술술 풀립니다. 낱글자 풀이를 보며 어휘의 뜻을 파악하면서, 어휘의 구성 원리도 터득합니다.
- 한자 학습서의 베스트셀러 〈한자 암기박사〉의 학습법을 적용, 이야기를 읽다 보면 한자가 저절로 외워집니다.

"엄마를 놀라게 하는 학습지!"

형설지공의 자세로 학업에 매진할게요.
수동적인 태도를 버리고 능동적인 자세로 살아야죠.
그러려면 용돈 인상이 불가피하죠.
이렇게 어휘력이 좋아질 수가!

Variety 확장

하나를 알면 열을 알듯이, 중심 어휘와 관련된 어휘들을 꼬리에 꼬리를 물듯 배웁니다.

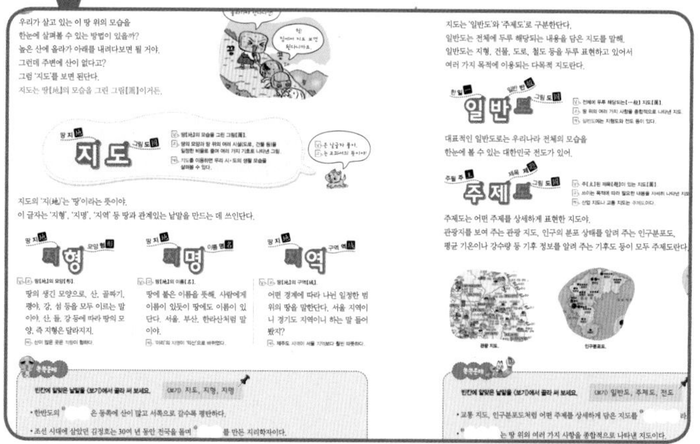

Application 활용

재미있는 게임형 문제로 어휘 활용 능력을 키웁니다.

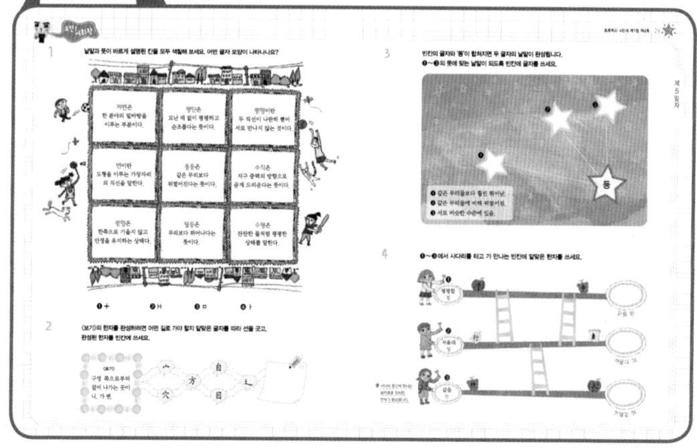

어휘가 꼬리를 문다!

- 같은 한자가 쓰인 여러 어휘들을 꼬리를 물고 배웁니다.
- 이미 배운 대표 어휘와 같은 주제의 여러 어휘들을 꼬리를 물고 배웁니다.

재미있게 공부한다!

- 머리를 자극하는 게임형 문제를 풀다 보면 어휘력이 쑥쑥 자라납니다.
- 친근하고 재미있는 떡 캐릭터와 함께 공부의 즐거움을 느낄 수 있습니다.

마법의 상위권 어휘 무엇을 배울까요?

초등학교 4단계 학습 내용

4-1단계

호	교과서 학습 어휘		한자	연계교과
제 1 호	01	지도	圖(6급)	사회 / 국어
		방위	方(7급)	
	02	축척	縮(4급)	
		등고선	線(6급)	
제 2 호	01	변	邊(준4급)	수학 / 과학
		월등	等(6급)	
	02	수평	衡(준3급)	
		평행	平(7급)	
제 3 호	01	풍화	風(6급)	과학 / 국어
		침식	浸(준3급)	
	02	운반	運(6급)	
		예리	銳(3급)	
제 4 호	01	기온	氣(7급)	사회 / 과학
		예보	豫(4급)	
	02	관측	觀(5급)	
		탐사	探(4급)	

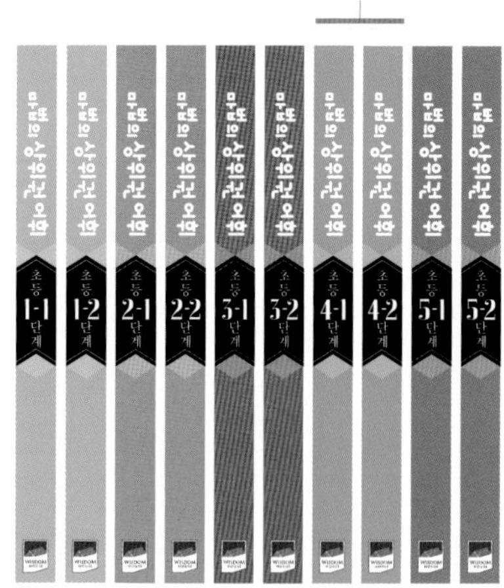

초등학교 4 단계 학습 내용

〈마법의 상위권 어휘〉는 전체 5단계 10권으로 구성되어 있습니다. 초등학교 4 단계에서는 초등학교 중・고학년 어린이가 꼭 알아야 할 중요 어휘들을 공부할 수 있습니다.

4-2 단계

호	교과서 학습 어휘		한자	연계교과
제 1 호	01	자치	治(준4급)	사회 / 도덕
		공약	約(5급)	
	02	의회	會(6급)	
		연합	合(6급)	
제 2 호	01	온난화	溫(6급)	과학 / 수학
		방지	防(준4급)	
	02	부피	固(5급)	
		질량	質(5급)	
제 3 호	01	떡잎	雙(준3급)	과학 / 국어
		종자	種(5급)	
	02	순환	環(4급)	
		민물	淡(준3급)	
제 4 호	01	조형	造(준4급)	미술 / 음악
		조소	彫(2급)	
	02	장단	調(5급)	
		타령	竝(3급)	

마법의 상위권 어휘 이렇게 공부하세요!

지문 읽기

글을 읽으면서 주황색으로 된 낱말의 뜻은 무엇인지 머릿속에 그려 보세요. 낱말의 뜻은 글 속에서 익혀야 정확하게 알고 오래 기억할 수 있답니다.

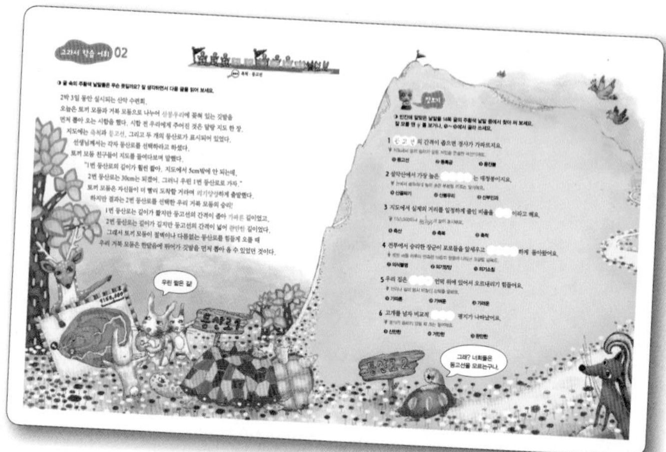

맛보기

지문에 나온 주황색 낱말 중 하나를 골라 빈칸에 답을 써 보세요. 한 번만 써 보아도 어휘를 내 것으로 만드는 데 큰 도움이 됩니다.

돋보기

왼쪽 상단의 박스 속에 든 대표 어휘의 뜻을 먼저 익히세요. 한자와 낱글자 풀이를 꼼꼼히 읽으면 쉽게 뜻을 알 수 있어요.

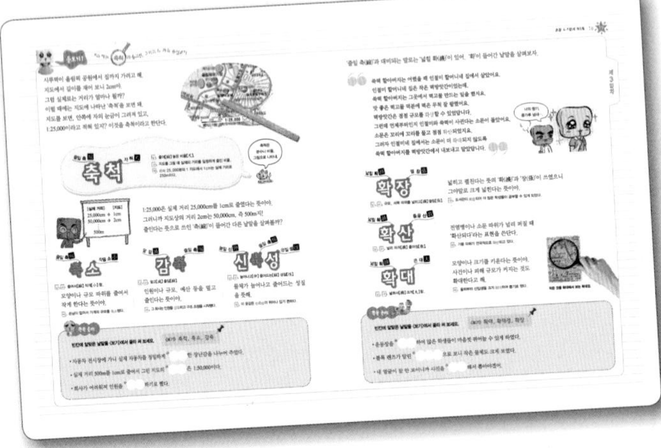

글을 따라 읽으며 확장 어휘에는 무엇이 있는지 익혀 보세요. 다 읽은 다음, 쏙쏙 문제를 풀면 머릿속에 어휘들이 쏙쏙 들어올 거예요.

한자가 술술

한자에 담긴 글자 원리를 읽고, 암기카드 속 문장을 노래하듯 외우며 빈칸을 채우고 한자도 써 보세요.

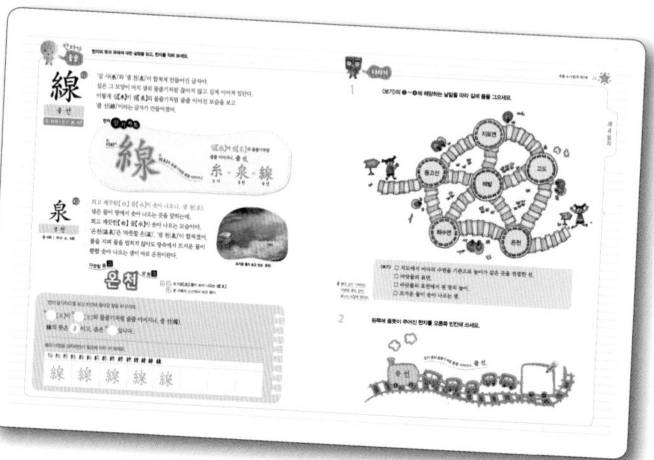

다지기

공부한 내용을 기억하기 쉽도록 재미있는 문제로 만들었어요. 실력도 다지고, 재미있게 학습을 마무리해요.

● 각 호는 1주일, 각 권은 1개월 단위의 학습량으로 구성되어 있습니다. 일주일에 한 호씩, 한 달이면 나도 상위권 어휘력을 가질 수 있어요.

도전! 어휘왕

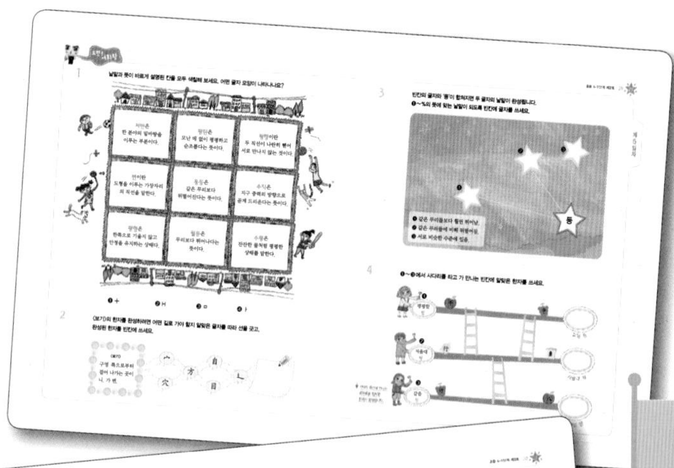

재미있는 게임형 문제를 풀며 어휘력을 키울 수 있어요.
사다리, 미로, 색칠하기, 선긋기 등 다양한 활동으로 재미있게 공부해 봐요.

평가 문제

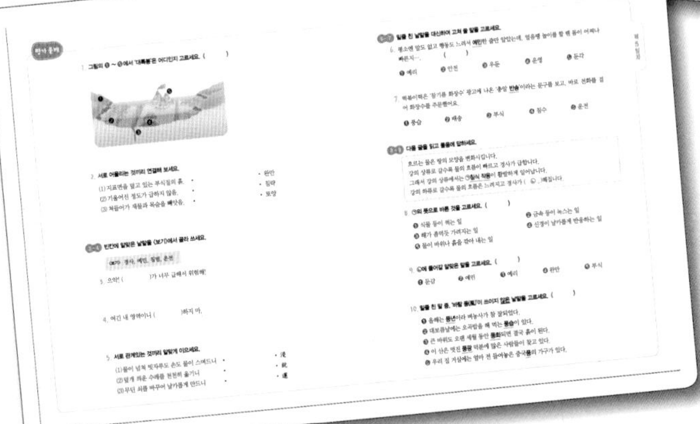

학교 시험 문제와 유사한 유형의 문제를 풀어 볼 차례입니다.
어휘력으로 학교 공부를 잡는다는 말, 여기에서 실감해 보세요!

어휘랑 놀자!

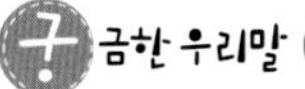

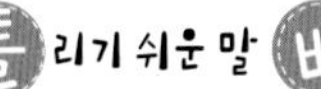

01 아름답고 구금한 우리말 이야기

교과서에 나오는 순우리말과 속담, 관용어를 만화로 재미있게 익혀 보세요.

02 비슷해서 틀리기 쉬운 말 비교해서 틀리지 말자

또래 친구들이 실제로 쓴 글을 보고 틀리기 쉬운 말을 바르게 구분하여 익혀 보세요.

03 외래어로 배우는 워드(word) 라고요!

교과서에 나오는 외래어를 이용, 초등학교에서 꼭 알아야 할 영단어를 익혀 보세요.

주요 등장인물 소개

마법의 상위권 어휘 떡 친구들을 소개합니다!

애들아, 안녕?

반가워.
나는 쑥을 넣어 만든
말랑말랑한 떡이야.
향긋

얘는 내가 기르는 개,
떡구 !

개떡이라 개가
잘 따르는구나.

내 이름은 쑥개떡,
가끔 개떡이라고도 불러.

나는 꿀물을 가득 담고 있는

내 코에선 맛있는 꿀물이 나오지.
내가 꿀차 한잔 타 줄까?
팽

달콤한 꿀물이 먹고 싶다면
언제든 내게 말하라고.
어허~
좋다!!
벌컥
벌컥

어휴, 더럽게 콧물이 뭐야?!
백설기 공주!

안녕, 나는 백설기 떡이야.
흰 피부에 큰 눈,
정말 백설 공주같이 예쁘지?
얼굴이 네모인데,
네모 공주가
더 맞는 말이겠어.

네모는 사각형으로,
종류로는 정사각형, 직사각형,
사다리꼴 등등이 있는데,
네모라고
하지 말랬지!!

그렇다면 백설기 공주님은
직사각형 공주님?

흥, 시루떡 너야말로
사각에다 피부도 안 좋잖아!

무슨 소리, 이게 얼마나
몸에 좋고 맛좋은 팥고물인데,
한번 드셔 보실래요?
깍!
됐거든!!
벅벅
탁~

어허, 먹는 걸 그렇게
함부로 버리는 게 아니지!
그럼,
그럼!
쑥떡 할아버지,
인절미 할머니!

시루떡이 얼마나 잘생기고
맛좋은 떡인지
아는 사람은 다 안다니까!
인절미 할머니!

역시 제겐 인절미 할머니밖에
없어요!!
흐억!
후닥~

잠깐!
네 팥고물이 묻으면
지저분해지니까
좀 떨어져 있으라고.
지저분?

킁킁,
어디선가 매운 냄새가?
킁 킁

사랑해요!
가래떡!
완. 전. 소. 중
가래떡!
가
래

떡볶이 군!

모두들 여기서 뭐 하세요?
이제 곧 떡 광장에서
떡 가요제가 시작된다고요!
아, 맞다!

어서 가서 우리의 우상
가래떡 씨를
응원하자고요!!
짜 잔~
떡 가요제

우리는 노래하고~
춤을 추는 송편 3남매~

흰 송편엔
깨가~
분홍 송편엔
밤이~
나 쑥 송편엔 몸에 좋은
콩이 들어 있지~!!

네~ 신인 댄스 그룹,
'영떡스 클럽'의 무대였습니다.
와아아~

잘했다, 잘했어!!
절편 매니저님!

역시 애비인 나,
무지개떡을 닮아
노래와 춤이 끝내주는군!
여보, 애들이
자랑스러워요.
덩더쿵
쿵떡

이제 오랫동안 기다리시던
떡마을 최고 가수왕의
무대입니다.

국민 떡가수,
가래떡 씨입니다!
꺄아아~

꺄~
저 새하얀 피부!!
꺄~ 저 큰 키,
아니 머리!!

그녀를 처음 본 순간~
입이 떡 벌어졌지~
꺄아~

오오~내 사랑~
떡인 그녀여~

꺄~ 가래떡 짱!
한 번만
안아 줘요~

꺄
꺄
히이익
꺄
꺄

이상 앞으로 여러분들과 함께
상위권 어휘를 공부할 말랑말랑
떡마을 친구들이었습니다!
헉!
가래떡 씨
얼굴이?!
지저분~

초등 4-1 단계

스토리텔링식 신교과서 학습을 위한

마법의 상위권 어휘

제 1 호

어휘가 쑥쑥 자라요.

부모님과 선생님께서는 이렇게 지도해 주세요

제 1 일차	제 2 일차	제 3 일차	제 4 일차	제 5 일차
보물 사냥꾼 이야기를 읽고, 대표 어휘 '지도'의 뜻과 한자 '圖'를 익힙니다. '지도'에서 확장된 여러 낱말의 뜻을 스스로 추론해 보도록 지도해 주세요.	대표 어휘 '방위'의 뜻과 한자 '方'을 익히고, 관계있는 낱말도 함께 익힙니다. 다지기 문제를 풀어 보고, 여러 가지 바위의 종류도 익히도록 해 주세요.	두 모둠의 대결 이야기를 읽고, 대표 어휘 '축척'의 뜻과 한자 '縮'을 익힙니다. '축척'에서 확장된 여러 낱말의 뜻을 스스로 추론해 보도록 지도해 주세요.	대표 어휘 '고등선'의 뜻과 한자 '線'을 익히고, 관계있는 낱말도 함께 익힙니다. 다지기 문제를 풀어 보고, '다르다'와 '틀리다'를 구별하여 쓰도록 해 주세요.	재미있는 게임 문제와 학교 시험 유형의 평가 문제를 풀며 어휘 실력을 다집니다. '텔레비전(television)'과 구성 원리가 비스샨 영단어들도 함께 익히도록 해 주세요.

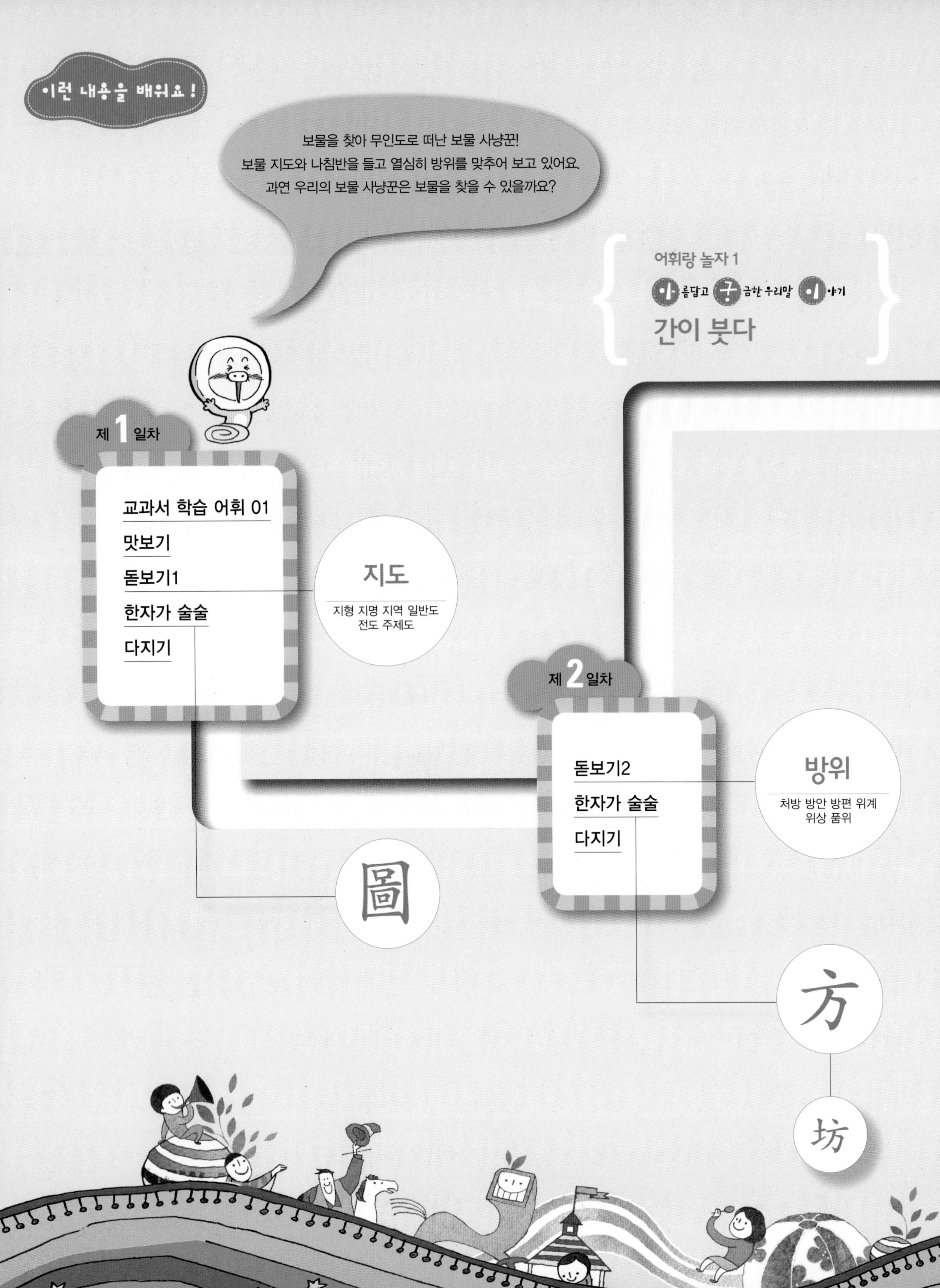
이런 내용을 배워요!
보물을 찾아 무인도로 떠난 보물 사냥꾼!
보물 지도와 나침반을 들고 열심히 방위를 맞추어 보고 있어요.
과연 우리의 보물 사냥꾼은 보물을 찾을 수 있을까요?
어휘랑 놀자 1
아름답고 궁금한 우리말 이야기
간이 붓다
제 1 일차
교과서 학습 어휘 01
맛보기
돋보기1
한자가 술술
다지기
지도
지형 지명 지역 일반도
전도 주제도
圖
제 2 일차
돋보기2
한자가 술술
다지기
방위
처방 방안 방편 위계
위상 품위
方
坊

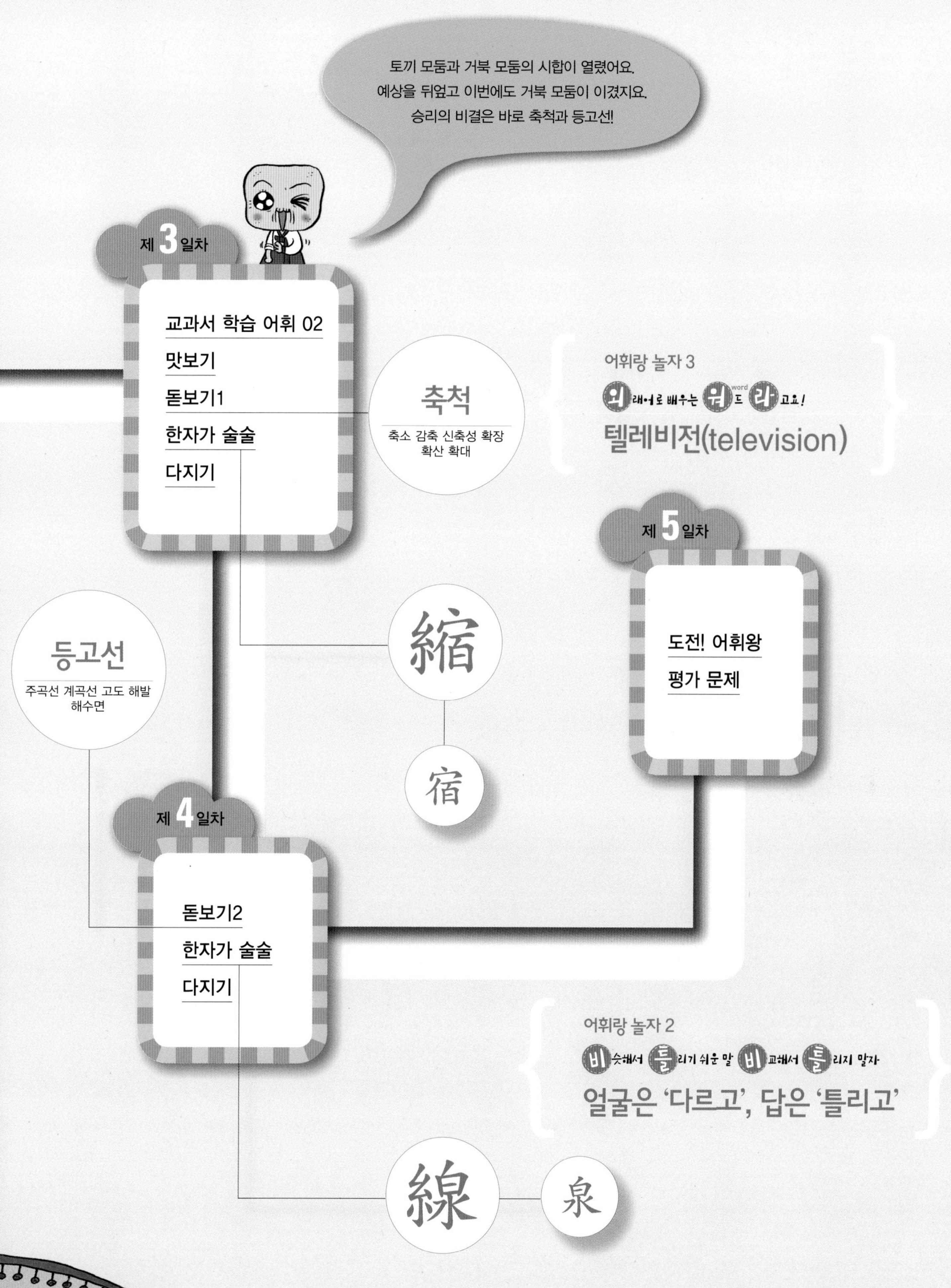

토끼 모둠과 거북 모둠의 시합이 열렸어요.
예상을 뒤엎고 이번에도 거북 모둠이 이겼지요.
승리의 비결은 바로 축척과 등고선!
제 3 일차
교과서 학습 어휘 02
맛보기
돋보기1
한자가 술술
다지기
축척
축소 감축 신축성 확장
확산 확대
縮
宿
어휘랑 놀자 3
외래어로 배우는 워드라고요!
텔레비전(television)
제 5 일차
도전! 어휘왕
평가 문제
등고선
주곡선 계곡선 고도 해발
해수면
제 4 일차
돋보기2
한자가 술술
다지기
어휘랑 놀자 2
비슷해서 틀리기 쉬운 말 비교해서 틀리지 말자
얼굴은 '다르고', 답은 '틀리고'
線
泉

교과서 학습 어휘 01

돋보기 지도 · 방위

◑ 글 속의 주황색 낱말들은 무슨 뜻일까요? 잘 생각하면서 다음 글을 읽어 보세요.

얘들아, 안녕! 나는 보물 사냥꾼이란다.
얼마 전에 나는 보물 지도 한 장을 손에 넣었어.
보물이 있는 곳은 부산 앞바다에 있는 작은 무인도.
그런 곳에 보물이 묻혀 있을 거라고 누가 상상이나 했겠니? 역시 등잔 밑이 어두운 법이라니까!
나는 작은 배를 빌려 무인도로 향했단다. 섬까지 가는 데에는 항해도가 큰 도움이 되었어.
항해도에는 주변의 암초나 등대의 위치는 물론 조류의 방향까지 표시되어 있어서
무사히 섬에 다다를 수 있었지. 나는 섬에 도착하자마자 나침반을 꺼냈단다.
그리고 지도의 위쪽을 나침반의 바늘이 북쪽을 가리키는 방향에 맞추었어.
이렇게 지도와 실제의 방위를 맞추면,
지도에 표시된 곳들을 곧바로 찾을 수 있지.

"하하하! 이제 보물은 내 것이나 다름없다고."

그런데 웬걸, 땅을 파 보니 빈 상자 속에
달랑 종이만 한 장 들어 있는 게 아니겠어?

"보물은 내가 먼저 가져간다! 메롱! – 보물 사냥꾼 제일착."

아, 나의 맞수 제일착이 먼저 왔다 간 거야.

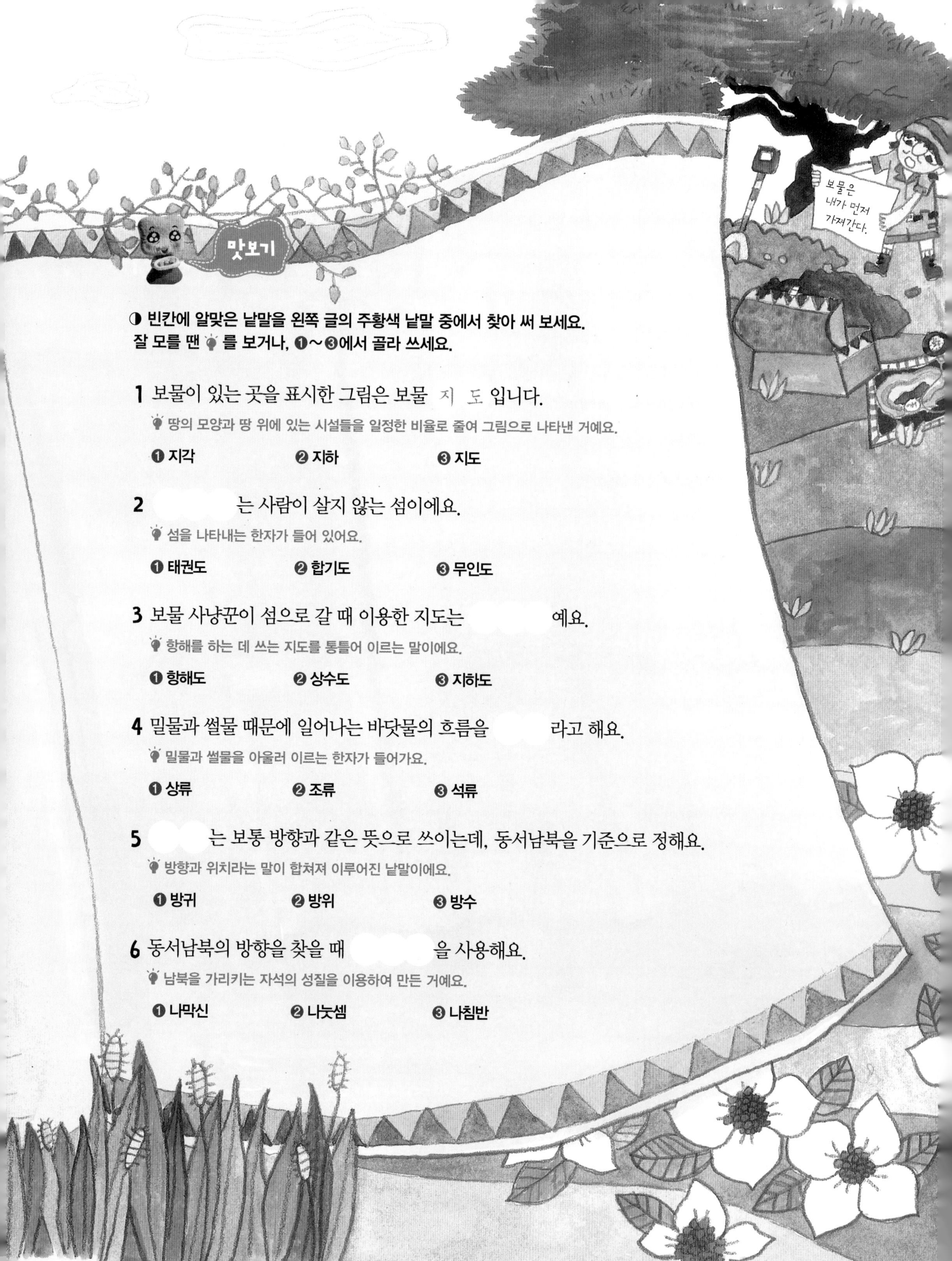

◑ 빈칸에 알맞은 낱말을 왼쪽 글의 주황색 낱말 중에서 찾아 써 보세요.
잘 모를 땐 💡를 보거나, ❶~❸에서 골라 쓰세요.

1 보물이 있는 곳을 표시한 그림은 보물 지 도 입니다.

💡 땅의 모양과 땅 위에 있는 시설들을 일정한 비율로 줄여 그림으로 나타낸 거예요.

❶ 지각 ❷ 지하 ❸ 지도

2 ( ) 는 사람이 살지 않는 섬이에요.

💡 섬을 나타내는 한자가 들어 있어요.

❶ 태권도 ❷ 합기도 ❸ 무인도

3 보물 사냥꾼이 섬으로 갈 때 이용한 지도는 ( ) 예요.

💡 항해를 하는 데 쓰는 지도를 통틀어 이르는 말이에요.

❶ 항해도 ❷ 상수도 ❸ 지하도

4 밀물과 썰물 때문에 일어나는 바닷물의 흐름을 ( ) 라고 해요.

💡 밀물과 썰물을 아울러 이르는 한자가 들어가요.

❶ 상류 ❷ 조류 ❸ 석류

5 ( ) 는 보통 방향과 같은 뜻으로 쓰이는데, 동서남북을 기준으로 정해요.

💡 방향과 위치라는 말이 합쳐져 이루어진 낱말이에요.

❶ 방귀 ❷ 방위 ❸ 방수

6 동서남북의 방향을 찾을 때 ( ) 을 사용해요.

💡 남북을 가리키는 자석의 성질을 이용하여 만든 거예요.

❶ 나막신 ❷ 나눗셈 ❸ 나침반

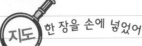

얼마 전에 나는 보물 지도 한 장을 손에 넣었어

우리가 살고 있는 이 땅 위의 모습을
한눈에 살펴볼 수 있는 방법이 있을까?
높은 산에 올라가 아래를 내려다보면 될 거야.
그런데 주변에 산이 없다고?
그럼 '지도'를 보면 된단다.
지도는 땅【地】의 모습을 그린 그림【圖】이거든.

낱 땅【地】의 모습을 그린 그림【圖】.

교 땅의 모양과 땅 위의 여러 시설(도로, 건물 등)을 일정한 비율로 줄여 여러 가지 기호로 나타낸 그림.

예 지도를 이용하면 우리 시·도의 생활 모습을 살펴볼 수 있다.

낱은 낱글자 풀이.
교는 교과서의 뜻이야!

지도의 '지(地)'는 '땅'이라는 뜻이야.
이 글자는 '지형', '지명', '지역' 등 땅과 관계있는 낱말을 만드는 데 쓰인단다.

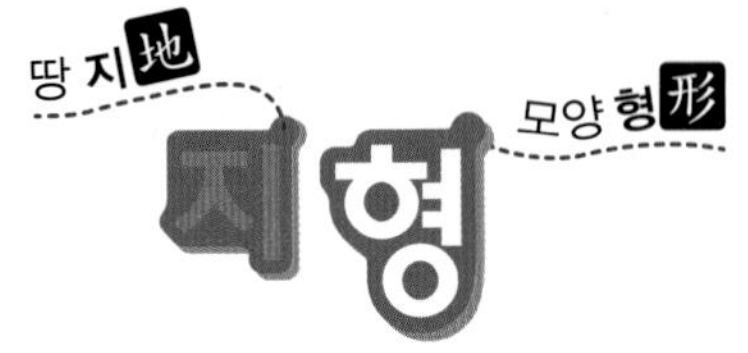

낱 교 땅【地】의 모양【形】.

땅의 생긴 모양으로, 산, 골짜기, 평야, 강, 섬 등을 모두 이르는 말이야. 산, 들, 강 등에 따라 땅의 모양, 즉 지형은 달라지지.

예 산이 많은 곳은 지형이 험하다.

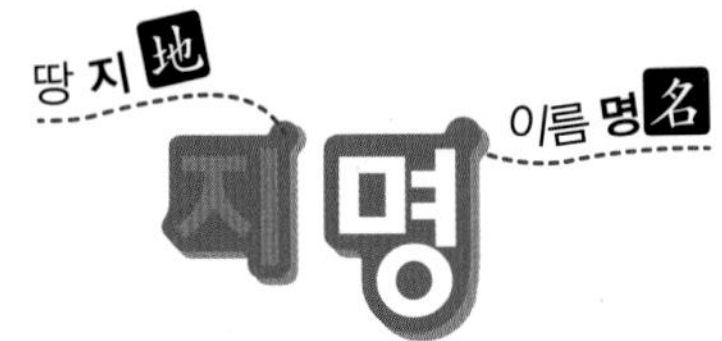

낱 교 땅【地】의 이름【名】.

땅에 붙은 이름을 뜻해. 사람에게 이름이 있듯이 땅에도 이름이 있단다. 서울, 부산, 한라산처럼 말이야.

예 '이리'의 지명이 '익산'으로 바뀌었다.

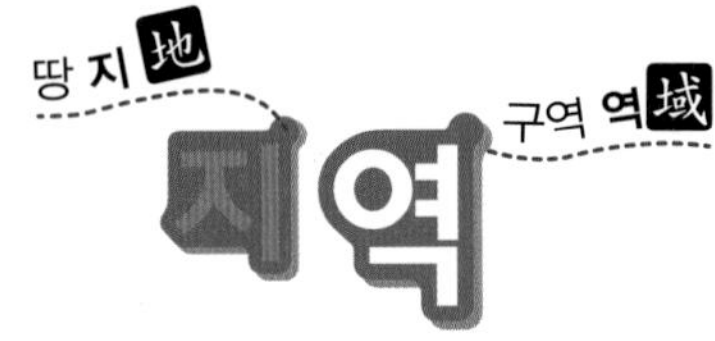

낱 교 땅【地】의 구역【域】.

어떤 경계에 따라 나뉜 일정한 범위의 땅을 말한단다. 서울 지역이니 경기도 지역이니 하는 말 들어 봤지?

예 제주도 지역이 서울 지역보다 훨씬 따뜻하다.

빈칸에 알맞은 낱말을 〈보기〉에서 골라 써 보세요.

〈보기〉 지도, 지형, 지명

- 한반도의 ❶ (   ) 은 동쪽에 산이 많고 서쪽으로 갈수록 평탄하다.
- 조선 시대에 살았던 김정호는 30여 년 동안 전국을 돌며 ❷ (   ) 를 만든 지리학자이다.
- 한양은 조선 시대에 서울을 일컫던 옛 ❸ (   ) 이다.

지도는 '일반도'와 '주제도'로 구분한단다.
일반도는 전체에 두루 해당되는 내용을 담은 지도를 말해.
일반도는 지형, 건물, 도로, 철도 등을 두루 표현하고 있어서
여러 가지 목적에 이용되는 다목적 지도란다.

낱 전체에 두루 해당되는【一般】지도【圖】.
교 땅 위의 여러 가지 사항을 종합적으로 나타낸 지도.
예 일반도에는 지형도와 전도 등이 있다.

대표적인 일반도로는 우리나라 전체의 모습을
한눈에 볼 수 있는 '대한민국 전도'가 있어.

대한민국 전도

모두 전 全
그림 도 圖
전도

낱 교 전체【全】를 그린 지도【圖】.
예 세계 전도에서 대한민국을 찾아보자.

낱 주【主】된 제목【題】이 있는 지도【圖】.
교 쓰이는 목적에 따라 필요한 내용을 자세히 나타낸 지도.
예 산업 지도나 교통 지도는 주제도이다.

주제도는 어떤 주제를 상세하게 표현한 지도야.
관광지를 보여 주는 '관광 지도', 인구의 분포 상태를 알려 주는 '인구분포도',
평균 기온이나 강수량 등 기후 정보를 알려 주는 '기후도' 등이 모두 주제도란다.

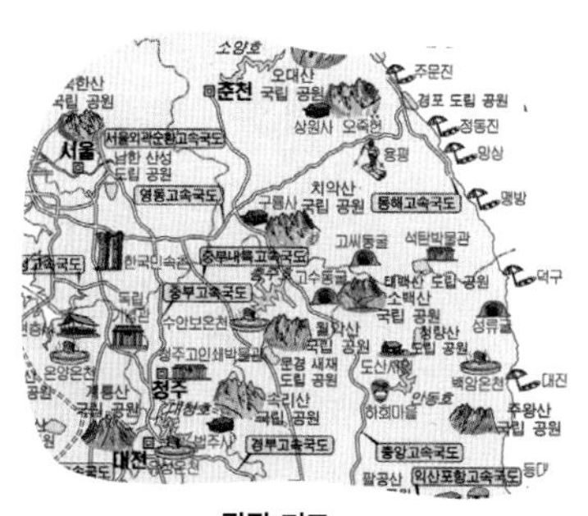
관광 지도.

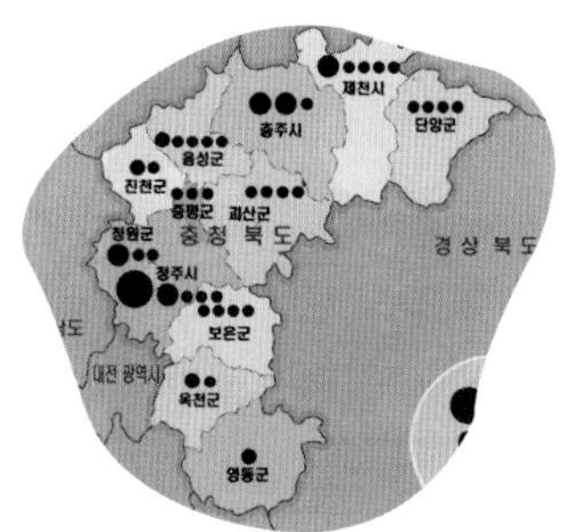
인구분포도.

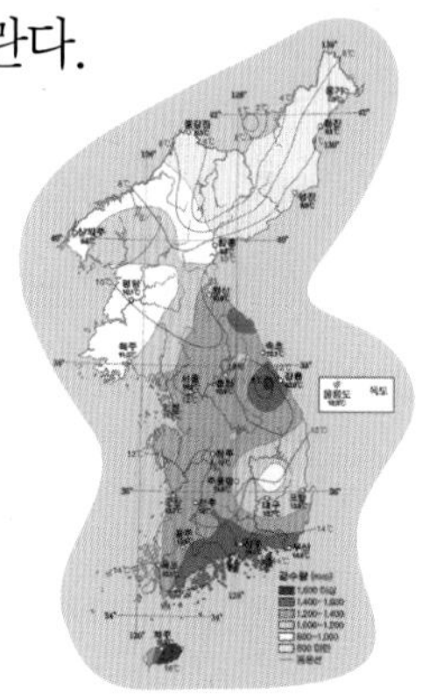
기후도.

빈칸에 알맞은 낱말을 <보기>에서 골라 써 보세요.

<보기> 일반도, 주제도, 전도

- 교통 지도, 인구분포도처럼 어떤 주제를 상세하게 담은 지도를 ❶ ______ 라고 한다.
- ❷ ______ 는 땅 위의 여러 가지 사항을 종합적으로 나타낸 지도이다.
- 아빠와 나는 세계 ❸ ______ 를 펼쳐 놓고 우리가 여행할 프랑스를 찾아보았다.

한자의 뜻과 유래에 대한 설명을 읽고, 한자를 익혀 보세요.

圖

6급

그림, 꾀할 도

총 14획 | 부수 口, 11획

옛날에는 전쟁이 잦았어. 전쟁이 일어나면 성을 차지하려고 치열하게 싸웠지.
공격하는 쪽에서는 성으로 들어가는 입구가 어디 있는지 알면 훨씬 유리하겠지?
그래서 우두머리가 부하들에게 명령을 내렸단다.
"성벽【囗】의 입구【口】를 그려 오너라!"
우두머리【亠】의 명령에 부하들은 성 주위를 돌며【回】 그림을 그려 왔어.

한자 암기카드

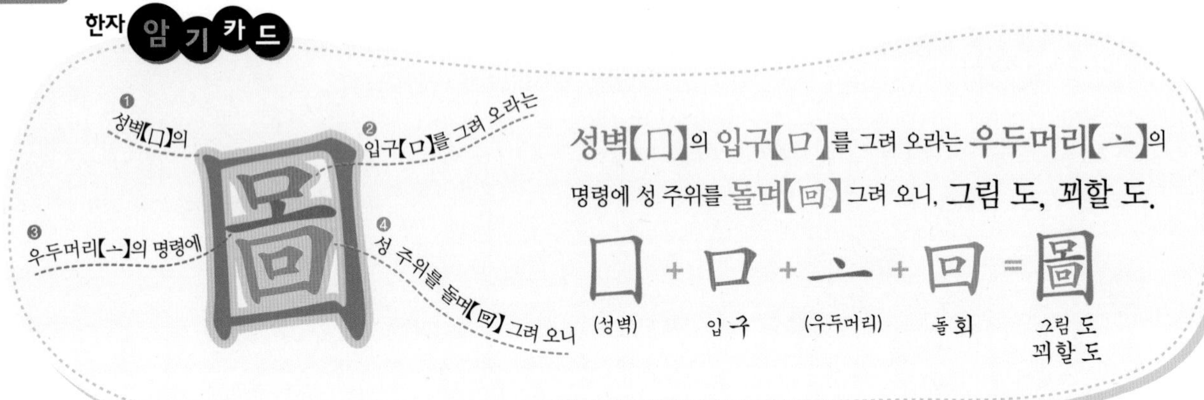

❶ 성벽【囗】의
❷ 입구【口】를 그려 오라는
❸ 우두머리【亠】의 명령에
❹ 성 주위를 돌며【回】 그려 오니
성벽【囗】의 입구【口】를 그려 오라는 우두머리【亠】의 명령에 성 주위를 돌며【回】 그려 오니, 그림 도, 꾀할 도.
囗 + 口 + 亠 + 回 = 圖
(성벽) 입구 (우두머리) 돌회 그림 도 꾀할 도

❶ 囗는 '에운 담'이나 여기에서는 성벽으로 해석함.

성벽의 입구를 그리려고 꾀한 데에서, '도(圖)'는 '꾀하다'란 의미도 얻게 되었어.
'꾀하다'는 어떤 일을 이루기 위해 계획을 세우거나 힘을 쓴다는 말이지.

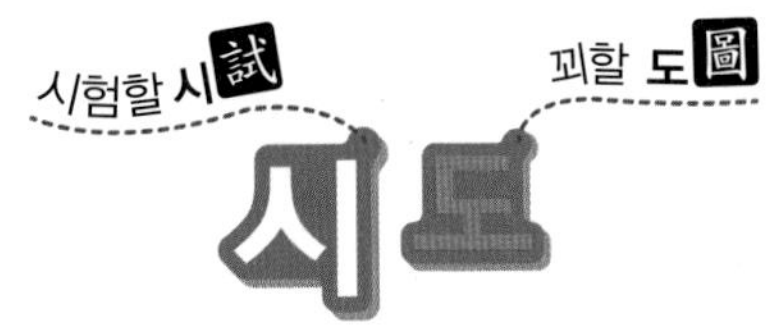

낱 교 무엇을 시험【試】 삼아 꾀함【圖】.
예 아버지께서는 몇 번의 시도 끝에 금연에 성공하셨다.

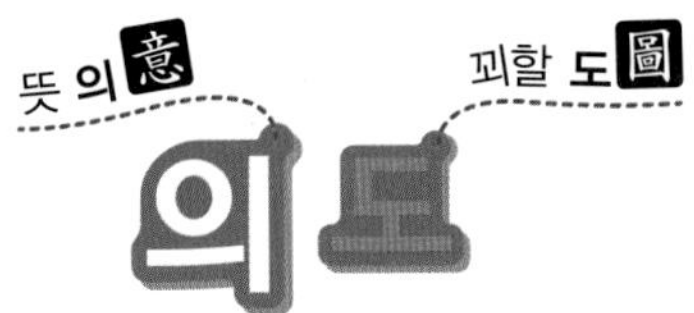

낱 교 무엇을 꾀하고자【圖】 하는 생각【意】.
예 나쁜 의도로 그런 건 아니야.

'한자 암기카드'를 보고 빈칸에 들어갈 말을 써 보세요.

❶ ______【囗】의 ❷ ______【口】를 그려 오라는 ❸ ______【亠】의 명령에 성 주위를 ❹ ______【回】 그려 오니, 그림 도, 꾀할 도(圖). 圖의 뜻은 그림, 꾀하다이고, 음은 ❺ ______ 입니다.

圖의 어원을 생각하면서 필순에 따라 써 보세요.

1

'지'로 시작하는 낱말 네 개가 그림 속에 들어 있어요.
❶~❹의 뜻에 맞는 낱말이 되도록 빈칸에 글자를 쓰세요.

❶
도
❷
❸
지
❹
❶ 땅의 모습을 그린 그림. ❷ 땅의 생긴 모양.
❸ 땅에 붙은 이름. ❹ 어떤 경계에 따라 나뉜 일정한 범위의 땅.

빈칸에 들어갈 글자는 명, 형, 역 가운데 하나입니다.

2

〈보기〉의 한자를 완성하려면 어떤 글자 조각이 필요한지 ❶~❹에서 고르세요.

〈보기〉 성벽의 입구를 그려 오라는 우두머리의 명령에 성 주위를 돌며 그려 오니, 그림 도, 꾀할 도.

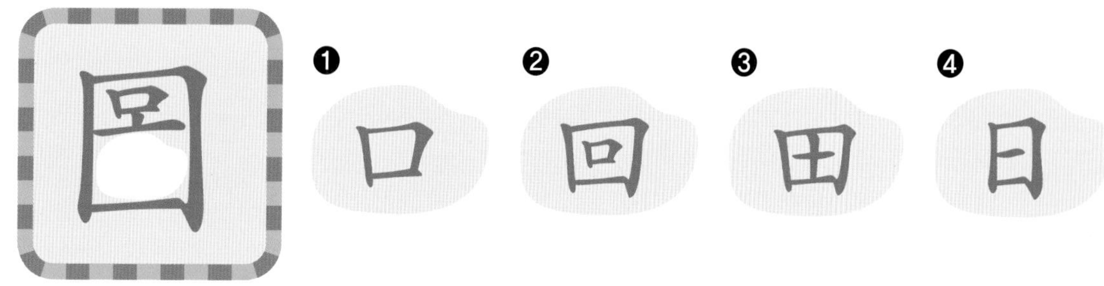

돋보기2 지도와 실제의 방위를 맞추면, 표시된 곳들을 곧바로 찾을 수 있지

지도를 보며 길을 찾을 때 가장 먼저 알아야 할 것은 무엇일까? 바로 '방위'란다. 지도에는 방향과 위치를 알려 주는 방위 표시가 있어. 지도에서 방위는 오른쪽 그림처럼 나타낸단다.

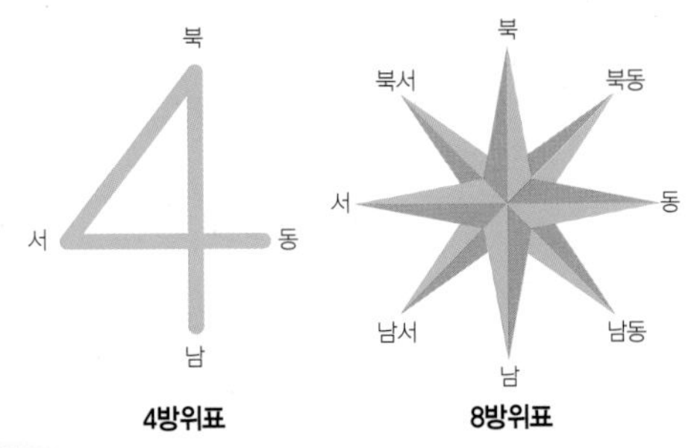

낱 방향【方】과 위치【位】

교 동서남북을 기준으로 삼아 정한 방향.

예 지도에는 방위가 표시되어 있다.

'방(方)'은 동서남북 방향과 위치를 가리키기도 하지만, '방법'을 뜻하는 말로도 쓰여. 어떤 일을 하다가 어려움에 맞닥뜨리면 "좋은 방법이 없을까?" 하고 말하지? 그럼 '방(方)'이 방법의 뜻으로 쓰인 낱말을 함께 찾아볼까?

낱 교 일을 처리【處】하는 방법【方】.

병을 치료하기 위해 증세에 따라 약을 짓는 방법, 또는 문제를 처리하는 방법을 '처방'이라고 해.

예 의사의 처방에 따라 약국에서 약을 지었다.

낱 교 일을 처리할 방법【方】이나 계획【案】.

일을 처리하거나 해결하여 나갈 방법이나 계획을 말해. '방안'은 방법과 비슷한 뜻이야.

예 그 문제를 해결할 좋은 방안이 떠올랐다.

낱 교 편한【便】 방법【方】.

형편에 따라 편하게 이용하는 방법을 말해. 임시'방편'은 급할 때 임시로 쓰는 편한 방법이지.

예 방학 동안 용돈을 더 모으기 위한 방편으로 아침에 신문을 돌렸다.

빈칸에 알맞은 낱말을 〈보기〉에서 골라 써 보세요.

〈보기〉 방위, 처방, 방편

- 갑자기 정전이 되는 바람에 임시 ❶ (　　) 으로 촛불을 켰다.
- 지도에 있는 4자는 ❷ (　　) 를 나타내는 표시이다.
- 감기에 걸려 병원에 갔더니 의사 선생님께서 ❸ (　　) 을 내려 주셨다.

다음 글에서 위(位)가 쓰인 낱말의 뜻을 생각해 보자.

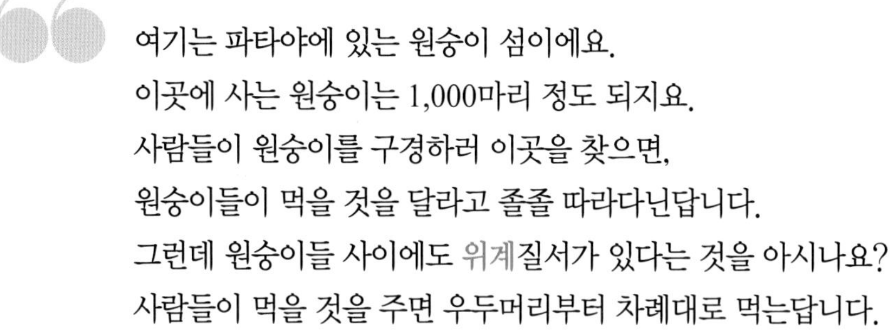

여기는 파타야에 있는 원숭이 섬이에요.
이곳에 사는 원숭이는 1,000마리 정도 되지요.
사람들이 원숭이를 구경하러 이곳을 찾으면,
원숭이들이 먹을 것을 달라고 졸졸 따라다닌답니다.
그런데 원숭이들 사이에도 위계질서가 있다는 것을 아시나요?
사람들이 먹을 것을 주면 우두머리부터 차례대로 먹는답니다.
원숭이 사회에서 우두머리의 위상을 알 수 있는 좋은 예랍니다.
우두머리 원숭이가 품위 있게 먹은 다음에야 나머지 원숭이들이
허겁지겁 나누어 먹는 모습이 참 재미있죠.

우리들 사이에도
위계질서가 있지!
© Perline, 2006

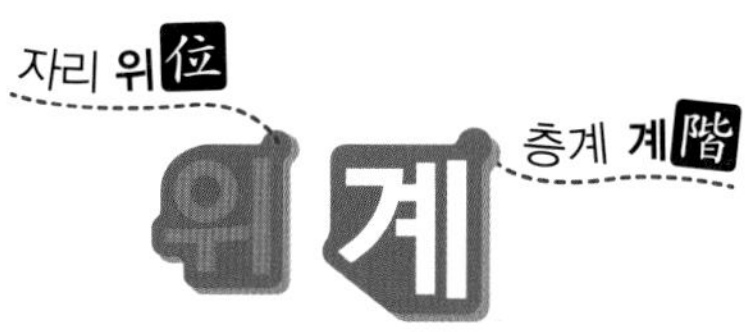

낱 교 지위【位】의 순서, 차례【階】

소위, 중위, 대위…….
군대는 계급에 따라 상하 관계가 분명해.
이럴 때 '위계'질서가 뚜렷하다고 하지.

예 가족 사이에서도 어느 정도의 위계질서는 있어야 한다.

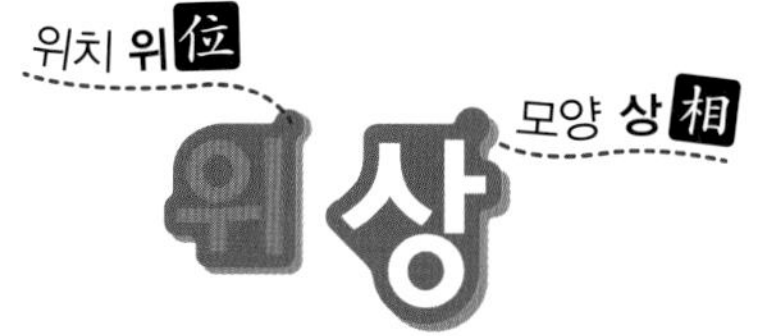

낱 교 관계 속에서 가지는 위치【位】나 상태【相】

다른 것과 비교해 높고 낮음을 가리는 말이야.
올림픽에서 좋은 성적을 거두면,
스포츠에서 우리나라의 '위상'이 높아지지.

예 국제 사회에서 한국의 위상을 높여야 한다.

이런,
위계질서도
모르는….
품위 없이
소리를 내며
먹니!
와구
와구
Diet
Diet

품격 품 品
자리 위 位
품위

낱 교 품격【品】과 위엄【位】

사람이 고상하고 격이 높은
인상을 줄 때 '품위'가 있다고 해.

예 길에서 침을 뱉는 것은 품위 없는 행동이다.

빈칸에 알맞은 낱말을 〈보기〉에서 골라 써 보세요.

〈보기〉 위계, 위상, 품위

- 식탁에 떨어진 음식을 손으로 집어 먹다가 엄마에게 ❶ (　　　) 가 없다고 꾸중을 들었다.
- 우리나라는 세계 최고의 인터넷 강국으로 ❷ (　　　) 이 높다.
- 원숭이 무리에 우두머리가 있는 것처럼 동물 사회에도 ❸ (　　　) 질서가 있다.

한자가
술술

한자의 뜻과 유래에 대한 설명을 읽고, 한자를 익혀 보세요.

7급

方

모, 방향 방

총 4획 | 부수 方

옛사람들이 밭을 갈던 도구인 쟁기를 본뜬 글자란다.
쟁기로 밭을 갈면 땅의 모양이 어떻게 바뀔까?
쟁기가 닿은 부분은 깊이 패어 '모'가 나고,
파인 흙은 일정한 '방향'으로 넘어가 쌓이게 되지.
그래서 쟁기를 본뜬 방(方)이라는 글자가
'모', '방향'의 뜻을 가지게 되었단다.

흙을 뒤엎어 갈 때 쓰는 쟁기.

한자 암기카드

쟁기로 갈리는 흙이 모나고
일정한 방향으로 넘어가니
方

쟁기로 갈리는 흙이 모나고 일정한 방향으로 넘어가니,
모 방, 방향 방.

1급

坊

동네 방

총 7획 | 부수 土, 4획

흙【土】으로 사방【方】에 집을 짓고 모여 사는 동네이니, 동네 방(坊).
옛날에는 흙으로 집을 짓고 살았어.
그런 흙집들이 사방에 옹기종기 모여 마을을 이루었지.
그래서 흙【土】으로 사방【方】에 집을 짓고 모여 사는 '동네'라는 뜻이 되었단다.
'방방곡곡(坊坊曲曲)'은 동네와 동네, 굴곡이 많은 산, 강, 길을 아우르는 말로
'한 군데도 빠짐이 없는 모든 곳'을 이르는 말이야.
여기서 '굽을 곡(曲)'은 굽이굽이 산이나 강, 길을 뜻해.

'한자 암기카드'를 보고 빈칸에 들어갈 말을 써 보세요.

쟁기로 갈리는 흙이 ❶ ( ) 나고 일정한 ❷ ( ) 으로 넘어가니, 모 방, 방향 방(方).

方의 뜻은 모, 방 향 이고, 음은 ❸ ( ) 입니다.

方의 어원을 생각하면서 필순에 따라 써 보세요.

方 方 方 方

方	方	方	方	方			

제 2 일 차

1 ❶~❻의 흰 접시 안에 알맞은 글자를 써 넣어, 주어진 뜻에 맞는 낱말을 완성하세요.

❶ 지도에서 동서남북을 기준으로 삼아 정한 방향.

❷ 어떤 사물이 다른 사물과의 관계 속에서 가지는 위치나 상태. 예) 위○이 높다.

❸ 품격과 위엄. 고상하고 격이 높은 행동. 예) ○위 있는 행동.

❹ 일을 처리하거나 해결하여 나갈 방법이나 계획. 예) 대처 방○.

❺ 그때그때 형편에 따라 편하게 이용하는 방법. 예) 임시방○.

❻ 병을 치료하기 위해 증세에 따라 약을 짓는 방법, 또는 문제를 처리하는 방법.

빈칸에 들어갈 글자는 상, 편, 처, 안, 품 가운데 하나입니다.

2 주어진 문장 속에서 '方'의 두 가지 뜻을 찾아 ◯ 표 하고, 빈칸에 뜻을 각각 쓰세요.

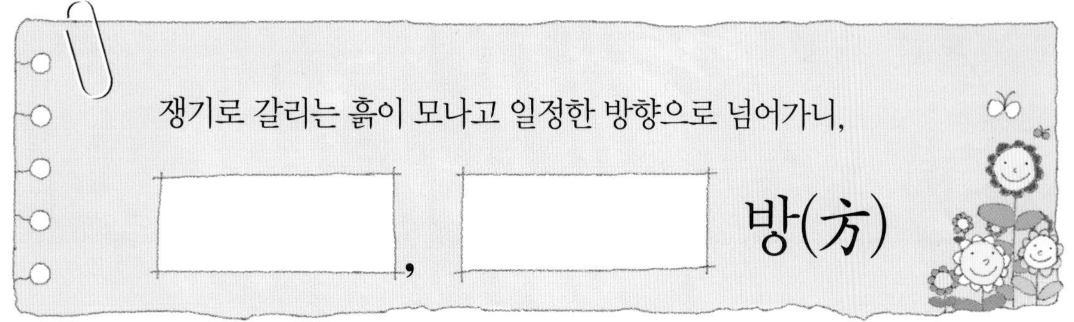

간이 붓다

간
영떡스 클럽과
둥기 둥기~
어깨춤이 절로 나네
얼쑤~ 절쑤!
흰 송편, 분홍 송편!
아주 잘했다.

그런데 쑥 송편은?
저쪽 방에
있는 것 같던데요.
꺄하하하 ~
역시 '개그 떡방'이야!
쑥 송편!!

방송 출연 연습
안 하고, 여기서 놀고
있으면 어떡해!
네가 아주
간이 부었구나!

괜찮아요. 일단 이렇게
사인도 미리 많이 해 놨으니까.
연습은 천천히….

그런데 간이 붓다뇨?!
혹시 내 간에
무슨 이상이?

간은 한의학에서 정신이나
마음을 관장하는
중요한 장기로 보지.
간

그런 맥락에서, 작은 일에도 겁을 내면
'간이 작다'고 하고, 겁이 없고 대담하면
'간이 크다'고 말하곤 해.
간이 작다.
간이 크다.
찍-

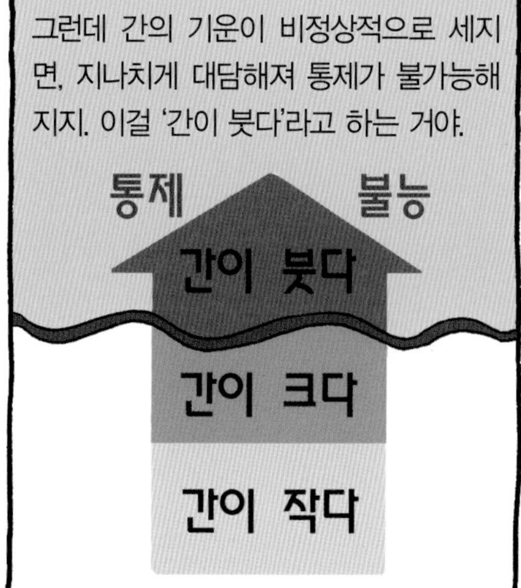
그런데 간의 기운이 비정상적으로 세지면, 지나치게 대담해져 통제가 불가능해지지. 이걸 '간이 붓다'라고 하는 거야.
통제
불능
간이 붓다
간이 크다
간이 작다

간이 붓다
지나치게
대담해지다.

즉, 이렇게 사고를
칠 것처럼 행동할 때
간이 부었다고 하지.
아하 ~ 난 또 뭐라고.
방송 출연은 다음 주니
이제 슬슬 연습을….

무슨 소리, 방송 출연은
내일이라고!!
엥?

다음 날
겨우 밤새워 연습하긴 했지만
내 간이 콩알만 해지네!
둥기 둥기~

◑ **글 속의 주황색 낱말들은 무슨 뜻일까요? 잘 생각하면서 다음 글을 읽어 보세요.**

2박 3일 동안 실시되는 산악 수련회.
오늘은 토끼 모둠과 거북 모둠으로 나누어 **산봉우리**에 꽂혀 있는 깃발을
먼저 뽑아 오는 시합을 했다. 시합 전 우리에게 주어진 것은 달랑 지도 한 장.
지도에는 **축척**과 **등고선**, 그리고 두 개의 등산로가 표시되어 있었다.
선생님께서는 각자 등산로를 선택하라고 하셨다.
토끼 모둠 친구들이 지도를 들여다보며 말했다.
"1번 등산로의 길이가 훨씬 짧아. 지도에서 5cm밖에 안 되는데,
2번 등산로는 30cm는 되겠어. 그러니 우린 1번 등산로로 가자."
토끼 모둠은 자신들이 더 빨리 도착할 거라며 **의기양양**하게 출발했다.
하지만 결과는 2번 등산로를 선택한 우리 거북 모둠의 승리!
1번 등산로는 길이가 짧지만 등고선의 간격이 좁아 **가파른** 길이었고,
2번 등산로는 길이가 길지만 등고선의 간격이 넓어 **완만한** 길이었다.
그래서 토끼 모둠이 절벽이나 다름없는 등산로를 힘들게 오를 때
우리 거북 모둠은 한달음에 뛰어가 깃발을 먼저 뽑아 올 수 있었던 것이다.

맛보기
그래? 너희들은 등고선을 모르는구나.
등산로 2

◑ 빈칸에 알맞은 낱말을 왼쪽 글의 주황색 낱말 중에서 찾아 써 보세요.
잘 모를 땐 💡 를 보거나, ❶~❸에서 골라 쓰세요.

1 등고선 의 간격이 좁으면 경사가 가파르지요.

💡 지도에서 땅의 높이가 같은 지점을 연결한 곡선이에요.

❶ 등고선 ❷ 등록금 ❸ 등잔불

2 설악산에서 가장 높은 ____ 는 대청봉이지요.

💡 산에서 뾰족하게 높이 솟은 부분을 이르는 말이에요.

❶ 산골짜기 ❷ 산봉우리 ❸ 산부인과

3 지도에서 실제의 거리를 일정하게 줄인 비율을 ____ 이라고 해요.

💡 1:50,000이나 $\frac{1}{50,000}$과 같이 표시해요.

❶ 축산 ❷ 축복 ❸ 축척

4 전투에서 승리한 장군이 포로들을 앞세우고 ____ 하게 돌아왔어요.

💡 뜻한 바를 이루어 만족한 마음이 얼굴에 나타난 모양을 말해요.

❶ 의식불명 ❷ 의기양양 ❸ 의기소침

5 우리 집은 ____ 언덕 위에 있어서 오르내리기 힘들어요.

💡 산이나 길이 몹시 비탈진 상태를 말해요.

❶ 가파른 ❷ 가벼운 ❸ 가려운

6 고개를 넘자 비교적 ____ 평지가 나타났어요.

💡 경사가 급하지 않을 때 쓰는 말이에요.

❶ 산만한 ❷ 거만한 ❸ 완만한

돋보기1 지도에는 축척과 등고선, 그리고 두 개의 등산로가

시루떡이 올림픽 공원에서 집까지 가려고 해.
지도에서 길이를 재어 보니 2cm야.
그럼 실제로는 거리가 얼마나 될까?
이럴 때에는 지도에 나타난 '축척'을 보면 돼.
지도를 보면, 안쪽에 자의 눈금이 그려져 있고,
1:25,000이라고 적혀 있지? 이것을 축척이라고 한단다.

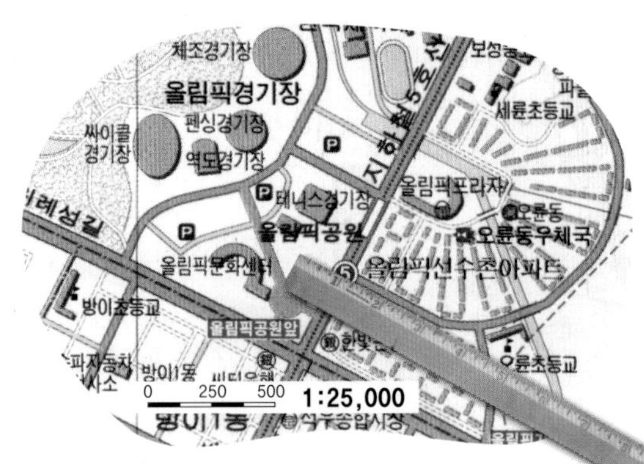

낱 줄여【縮】 놓은 비율【尺】.

교 지도를 그릴 때 실제의 거리를 일정하게 줄인 비율.

예 축척 25,000분의 1 지도에서 1cm는 실제 거리로 250m이다.

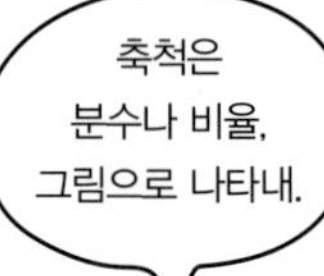

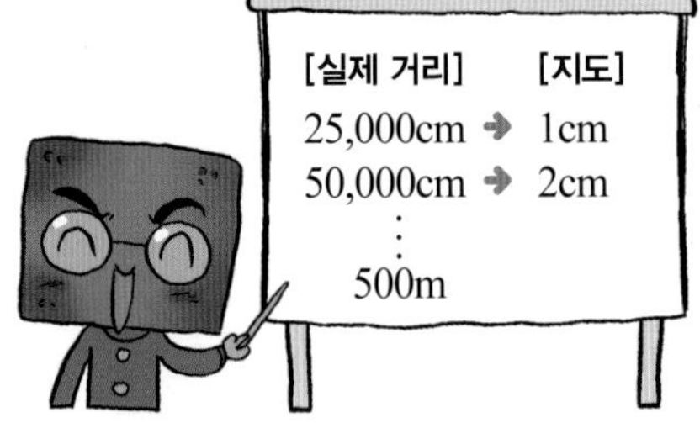

[실제 거리] [지도]
25,000cm → 1cm
50,000cm → 2cm
⋮
500m

1:25,000은 실제 거리 25,000cm를 1cm로 줄였다는 뜻이야.
그러니까 지도상의 거리 2cm는 50,000cm, 즉 500m지!
줄인다는 뜻으로 쓰인 '축(縮)'이 들어간 다른 낱말을 살펴볼까?

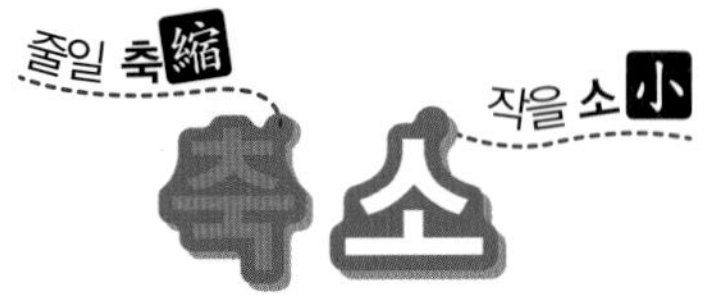

낱 교 줄여서【縮】 작게【小】 함.

'축소'는 모양이나 규모 따위를 줄여서 작게 한다는 뜻이야.

예 손님이 없어서 가게의 규모를 축소했다.

낱 교 덜고【減】 줄임【縮】

'감축'은 인원이나 규모, 예산 등을 덜고 줄인다는 뜻이야.

예 그 회사는 인원을 감축하고 구조 조정을 시작했다.

낱 교 늘어나고【伸】 줄어드는【縮】 성질【性】.

'신축성'은 물체가 늘어나고 줄어드는 성질을 뜻해.

예 이 옷감은 신축성이 뛰어나 입기 편하다.

쏙쏙 문제

빈칸에 알맞은 낱말을 〈보기〉에서 골라 써 보세요.

〈보기〉 축척, 축소, 감축

- 자동차 전시장에 가니 실제 자동차를 정밀하게 ❶ ( ) 한 장난감을 나누어 주었다.
- 실제 거리 500m를 1cm로 줄여서 그린 지도의 ❷ ( ) 은 1:50,000이다.
- 회사가 어려워져 인원을 ❸ ( ) 하기로 했다.

'줄일 축(縮)'과 대비되는 말로는 '넓힐 확(擴)'이 있어. '확'이 들어간 낱말을 살펴보자.

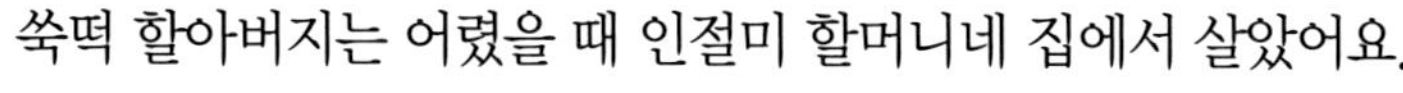

쑥떡 할아버지는 어렸을 때 인절미 할머니네 집에서 살았어요.
인절미 할머니네 집은 작은 떡방앗간이었는데,
쑥떡 할아버지는 그곳에서 떡고물 만드는 일을 했지요.
맛 좋은 떡고물 덕분에 떡은 무척 잘 팔렸어요.
떡방앗간은 점점 규모를 확장할 수 있었답니다.
그런데 언제부터인지 인절미와 쑥떡이 사귄다는 소문이 돌았어요.
소문은 꼬리에 꼬리를 물고 점점 확산되었지요.
그러자 인절미네 집에서는 소문이 더 확대되지 않도록
쑥떡 할아버지를 떡방앗간에서 내보내고 말았답니다.

제3일차

낱 교 규모, 세력 따위를 넓히고【擴】펼침【張】.

'확장'이라는 말 자체가 넓히고 펼친다는 뜻의 '확(擴)'과 '장(張)'으로 이루어져 있으니 그야말로 크게 넓힌다는 뜻이야.

예 도서관이 확장되어 더 많은 학생들이 공부할 수 있게 되었다.

낱 교 널리 퍼져【擴】흩어짐【散】.

전염병이나 소문 따위가 널리 퍼질 때 '확산'되다라는 표현을 쓴단다.

예 가뭄 피해가 전국적으로 확산되고 있다.

낱 교 넓혀서【擴】크게【大】함.

모양이나 크기를 키운다는 뜻이야. 사건이나 피해 규모가 커지는 것도 '확대'한다고 해.

예 올해부터 신입생을 크게 확대하여 뽑기로 했다.

작은 것을 확대해서 보는 확대경.

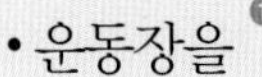

쏙쏙 문제

빈칸에 알맞은 낱말을 〈보기〉에서 골라 써 보세요.

〈보기〉 확대, 확대경, 확장

- 운동장을 ❶ ( ) 하여 많은 학생들이 마음껏 뛰어놀 수 있게 하였다.
- 볼록 렌즈가 달린 ❷ ( ) 으로 보니 작은 물체도 크게 보였다.
- 내 얼굴이 잘 안 보이니까 사진을 ❸ ( ) 해서 뽑아야겠어.

한자의 뜻과 유래에 대한 설명을 읽고, 한자를 익혀 보세요.

縮

4급

줄일 축

총 17획 | 부수 糸, 11획

털실을 둘둘 감은 뭉실뭉실한 실타래를 봐.
푹신푹신한 게 베개 삼아 낮잠을 자도 되겠는걸.
한참 동안 실【糸】타래를 베고 잤더니【宿】 눌려서 실타래의 부피가 줄어들었어. 그래서 '줄일 축(縮)'이 되는 거지.

아하! 실타래를 베고 자면
무거운 내 머리에 눌려
부피가 줄어드는구나.

한자 암기카드

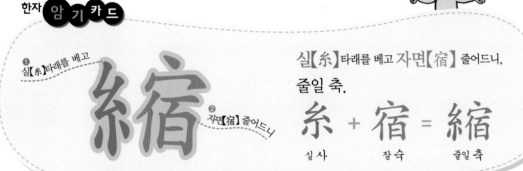

실【糸】타래를 베고 자면【宿】 줄어드니,
줄일 축.

糸 + 宿 = 縮
실 사 / 잘 숙 / 줄일 축

宿

5급

잘, 묵을 숙

총 11획 | 부수 宀, 8획

집【宀】에 사람【亻】이 많이【百】 모여 잠자니, 잘 숙, 묵을 숙(宿).
집 면【宀】과 사람 인【亻】에 일백 백, 많을 백【百】으로 되어 있지.
이 글자는 여러 사람이 집에 모여서 자는 모습을 나타낸 거야.
'숙(宿)'은 '잠자다'란 뜻으로 많이 쓰이지만,
일정한 곳에서 묵거나 머무른다는 뜻으로도 쓰여.

낱·교 여러 사람이 한곳에서 함께【合】 묵음【宿】.
예 합숙 훈련을 떠나다.

묵을 숙 宿 / 곳 소 所
숙소

낱·교 집을 떠난 사람이 임시로 묵는【宿】 곳【所】.
예 숙소에 짐을 풀고 편히 쉬어라.

'한자 암기카드'를 보고 빈칸에 들어갈 말을 써 보세요.

❶ ( )【糸】타래를 베고 ❷ ( )( )【宿】 줄어드니, 줄일 축(縮).

縮의 뜻은 줄 이 다 이고, 음은 ❸ ( ) 입니다.

縮의 어원을 생각하면서 필순에 따라 써 보세요.

縮 縮 縮 縮 縮 縮 縮 縮 縮 縮 縮 縮 縮 縮 縮 縮 縮

縮	縮	縮	縮	縮			

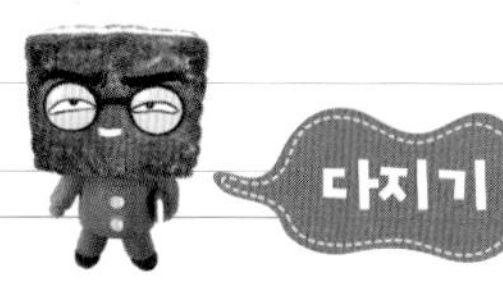

1 

❶~❸으로 이어진 길을 따라가면 두 글자로 된 낱말이 완성됩니다.
그 낱말을 알맞은 뜻과 이으세요.

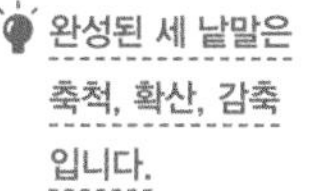

완성된 세 낱말은 축척, 확산, 감축 입니다.

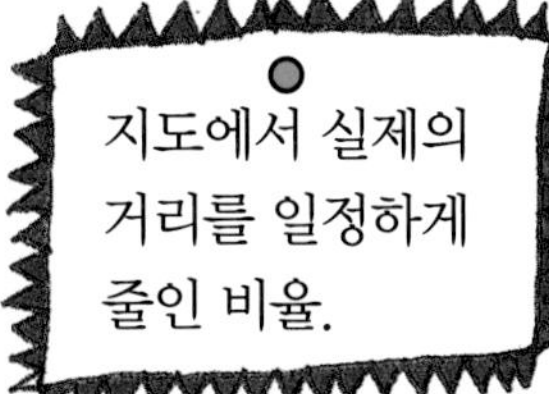

지도에서 실제의 거리를 일정하게 줄인 비율.

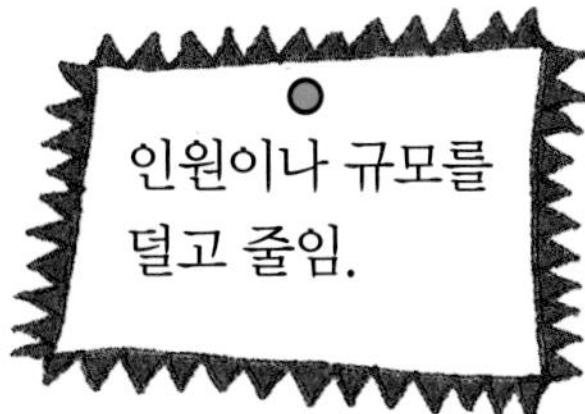

인원이나 규모를 덜고 줄임.

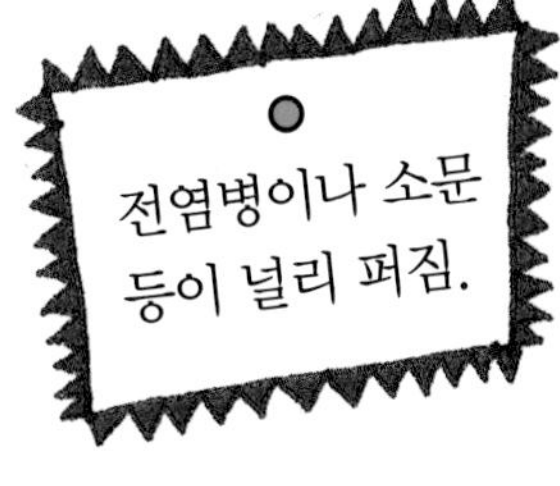

전염병이나 소문 등이 널리 퍼짐.

2 〈보기〉의 한자를 완성하려면 어떤 글자 조각이 필요한지 ❶~❹에서 고르세요.

〈보기〉 실타래를 베고 자면 줄어드니, 줄일 축.

❶ 

❷ 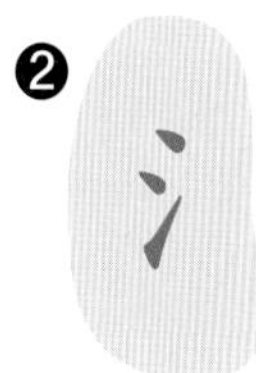

❸ 

❹ 

지도에는 축척과 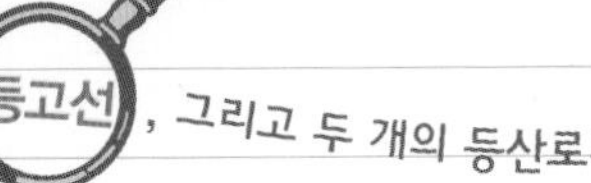, 그리고 두 개의 등산로가

평평한 종이에 높고 낮은 산봉우리를 어떻게 나타낼 수 있을까?
오른쪽 지도를 보면, 구불구불 마치 나무의 나이테처럼
곡선들이 안팎으로 겹쳐진 것을 볼 수 있지?
이 선들은 같은 높이의 땅을 연결한 것인데, 선마다 높이가 달라.
이 선을 '등고선'이라고 한단다.

낱 같은【等】 높이【高】를 연결한 줄【線】.
교 땅의 높낮이를 알 수 있는 선으로, 바다의 수면을 기준으로 높이가 같은 곳을 연결한 선.
예 지도에서는 땅의 높낮이를 등고선과 색깔로 나타낸다.

바닷속 깊이는
'등심선'으로
나타내.

등고선에는 '주곡선'과 '계곡선'이 있어.
주곡선은 가는 실선으로, 계곡선은 굵은 실선으로 그린단다.
주곡선 5개 가운데 1개씩을 굵은 계곡선으로 나타내어
지도에서 알아보기 쉽게 한 거야.

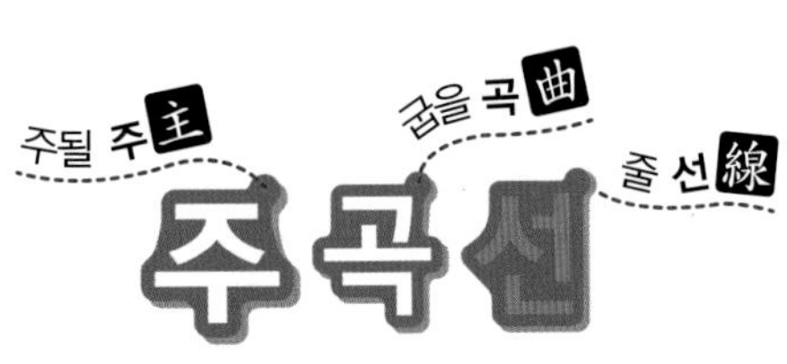

낱 주(主)로 그리는 곡선(曲線).
교 가는 실선으로 나타내는 등고선으로, 5만분의 1 지형도에서는 높이 20미터마다 그린다.

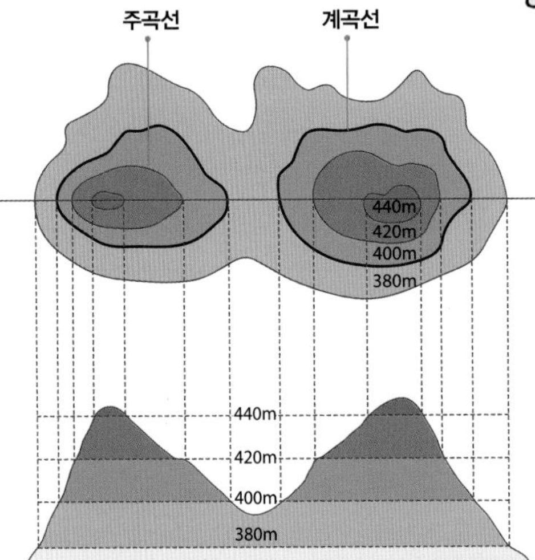

셀 계 計
굽을 곡 曲
줄 선 線
계곡선

낱 세기【計】 위한 곡선(曲線).
교 숫자를 세기 쉽도록 굵은 실선으로 나타낸 등고선. 5만분의 1 지형도에서는 높이 100미터마다 그린다.

빈칸에 알맞은 낱말을 〈보기〉에서 골라 써 보세요.

〈보기〉 등고선, 주곡선, 계곡선

- ❶ ______ 은 바다의 수면을 기준으로 높이가 같은 곳을 연결한 선이다.
- 5만분의 1 지형도에서 ❷ ______ 은 높이 100미터마다 굵은 실선으로 그리고, ❸ ______ 은 높이 20미터마다 가는 실선으로 그린다.

다음 글을 읽고, 높이와 관련된 낱말들의 뜻을 알아보자.

오늘은 우리 가족이 제주도로 여름 휴가를 떠나는 날!
아빠는 내일 예정된 한라산 등반 생각에 들떠 계셨다.
등산로가 표시된 지도를 보니 한라산의 높이가 해발 1950미터라고 쓰여 있었다.
비행기가 움직이기 시작하자 안내 방송이 나왔다.
"비행기가 안전 고도에 이를 때까지 자리에서 움직일 수 없습니다."
처음 타는 비행기라 그런지 긴장되었다. 나는 눈을 감았다.
잠시 후 눈을 뜨니, 파란 해수면이 보였다.
1시간 후 우리는 제주 공항에 도착했다.

여름 휴가는
제주도가 최고야!

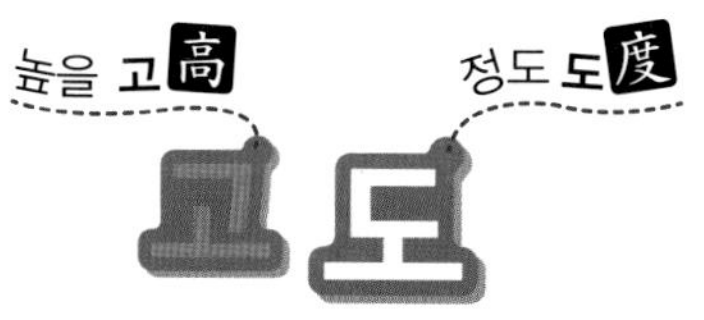
높을 고 高
정도 도 度
고도

낱 교 높은【高】 정도【度】

'고도'란 높이를 뜻하는 말이야.
'기술이 고도로 발달했다.'라고 할 때처럼
수준이 매우 높거나 뛰어나다는 뜻으로도 쓰여.

예 현재 이 비행기는 고도 5000미터 상공을 비행하고 있다.

바다 해 海
뽑을 발 拔
해발

낱 바다【海】에서 뽑혀 나온【拔】 것.

바다를 기준으로 육지나 산의 모습을 보면,
바다에서 뽑혀 나온 모습이지? '해발'은 바닷물의
표면, 즉 해수면으로부터 잰 땅의 높이야.

예 설악산의 높이는 해발 1708미터이다.

바다 해 海 물 수 水 겉 면 面

해수면

낱 교 바닷물【海水】의 표면【面】.

바닷물은 밀물과 썰물에 따라 높이가
달라져. 그래서 몇 년에 걸쳐 높이를
잰 다음 평균을 내어 '해수면'의
기준을 정한단다.

예 해수면이 상승하여 농경지가 침수되고 말았다.

왜 이렇게
깊은 거야!
내가 말한 높이는
썰물 때였다고!
첨벙
첨벙

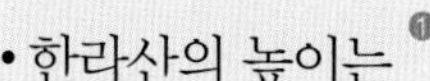
쏙쏙 문제

빈칸에 알맞은 낱말을 〈보기〉에서 골라 써 보세요.

〈보기〉 고도, 해발, 해수면

- 한라산의 높이는 ❶ (   ) 1950미터이다.
- 남태평양의 섬들은 지구 온난화로 ❷ (   )이 높아지면서 바다 속으로 사라질 위기에 처했다.
- 내가 탄 비행기는 정상 ❸ (   )를 유지하며 안전하게 날고 있다.

한자의 뜻과 유래에 대한 설명을 읽고, 한자를 익혀 보세요.

線 6급

줄 선

총 15획 | 부수 糸, 9획

'실 사(糸)'와 '샘 천(泉)'이 합쳐져 만들어진 글자야.
실은 그 모양이 마치 샘의 물줄기처럼 끊이지 않고 길게 이어져 있단다.
이렇게 실【糸】이 샘【泉】의 물줄기처럼 줄줄 이어진 모습을 보고
'줄 선(線)'이라는 글자가 만들어졌어.

한자 암기카드

실【糸】이 샘【泉】의 물줄기처럼 줄줄 이어지니, 줄 선.

糸 + 泉 = 線
실 사 + 샘 천 = 줄 선

泉 4급

샘 천

총 9획 | 부수 水, 5획

희고 깨끗한【白】 물【水】이 솟아 나오니, 샘 천(泉).
샘은 물이 땅에서 솟아 나오는 곳을 말하는데,
희고 깨끗한【白】 물【水】이 솟아 나오는 모습이야.
'온천(溫泉)'은 '따뜻할 온(溫)', '샘 천(泉)'이 합쳐졌어.
불을 지펴 물을 덥히지 않아도 땅속에서 뜨거운 물이
콸콸 솟아 나오는 샘이 바로 온천이란다.

뜨거운 물이 솟고 있는 온천.

낱·교 뜨거운【溫】 물이 솟아 나오는 샘【泉】.
예 온 가족이 온천에서 쉬고 왔다.

'한자 암기카드'를 보고 빈칸에 들어갈 말을 써 보세요.

❶ (　　)【糸】이 ❷ (　　)【泉】의 물줄기처럼 줄줄 이어지니, 줄 선(線).

線의 뜻은 (줄) 이고, 음은 ❸ (　　) 입니다.

線의 어원을 생각하면서 필순에 따라 써 보세요.

線	線	線	線	線			

1 〈보기〉의 ❶~❹에 해당하는 낱말을 따라 길에 줄을 그으세요.

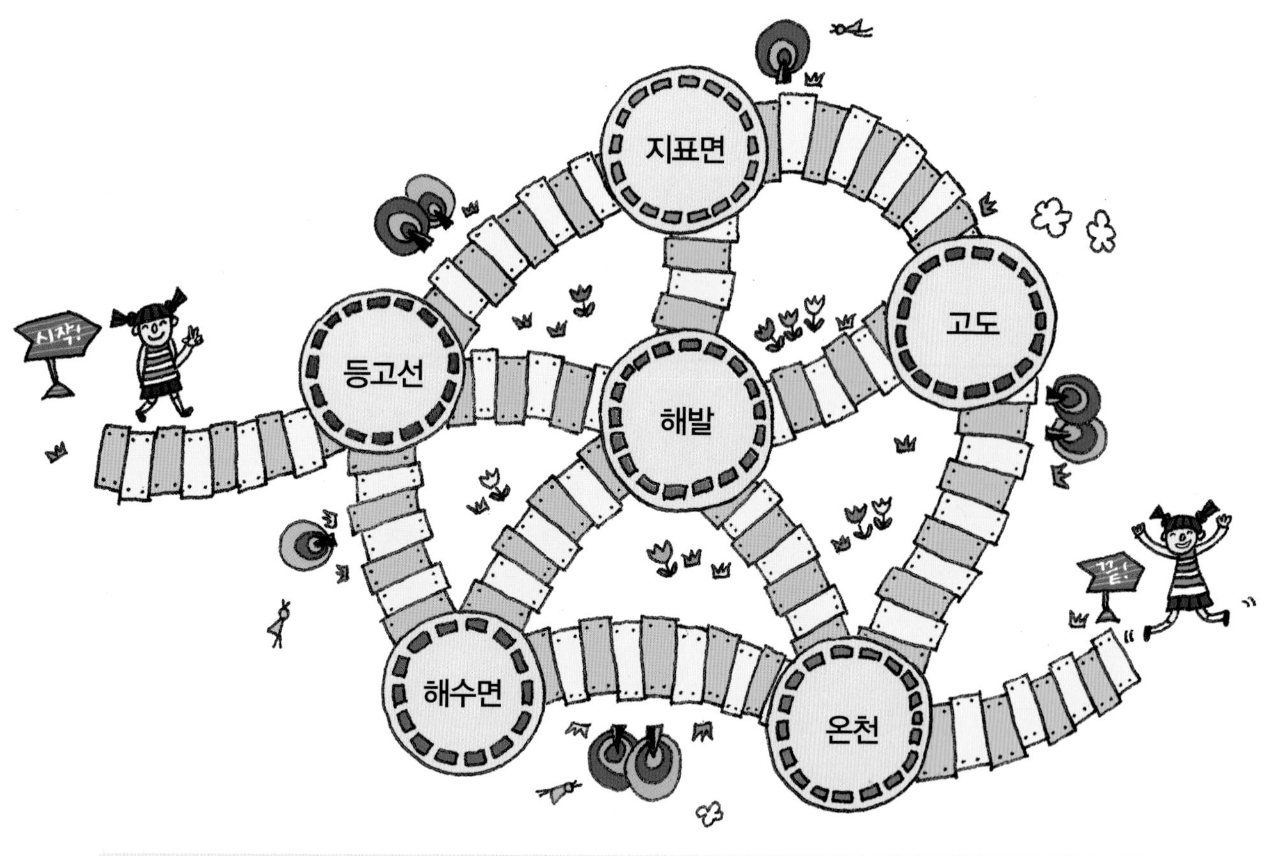

〈보기〉 □ 지도에서 바다의 수면을 기준으로 높이가 같은 곳을 연결한 선.
□ 바닷물의 표면.
□ 바닷물의 표면에서 잰 땅의 높이.
□ 뜨거운 물이 솟아 나오는 샘.

❶은 길이 시작하는 지점에, ❹는 길이 끝나는 지점에 있어요.

2 왼쪽에 음뜻이 주어진 한자를 오른쪽 빈칸에 쓰세요.

실이 샘의 물줄기처럼 줄줄 이어지니, 줄 선.
줄 선

내 이름은 헤헤족이다. 쫄랑이와 식량을 구하러 옆 마을로 갔다. 그런대 옆 마을 사람들은 우리랑 얼굴이 틀렸다 우리는 얼굴이 살구색인데 그 사람들은 얼굴이 귀신처럼 하얗다. 그 사람들 중 한 명이 나를 가르치면서 따라왔다. 너무 무서워서 쫄랑이와 도망쳤다.

'그런데'라고 쓴단다.

'달랐다'라고 써야 해.

'가리키면서'라고 써야 해.

*이 글은 초등학교 4학년 어린이가 여름 방학 캠프를 다녀와 쓴 글입니다.

얼굴은 '다르고', 답은 '틀리고'

얼굴은 '틀리다'가 아니고 '다르다'라고 쓰는 거야.
'틀리다'는 문제의 답을 잘못 썼을 때 쓴단다.
수학이나 영어 단어 시험을 봤을 때 답을 잘못 쓰면
'답이 틀리다'라고 해야겠지.

다르다

- 두 개 이상을 비교했을 때 같지 않다.
  예 너와 나는 얼굴이 다르다.
- 보통의 것보다 두드러진 데가 있다.
  예 그의 생각은 확실히 다르다.

틀리다

- 문제의 답을 잘못 쓰다.
  예 국어 문제의 답이 틀렸다.
- 일이 마음대로 진행되지 않거나 사실과 어긋나다.
  예 번지수가 틀리다.
- 감정이나 심리 상태가 나빠지다.
  예 그를 보니 비위가 틀렸다.

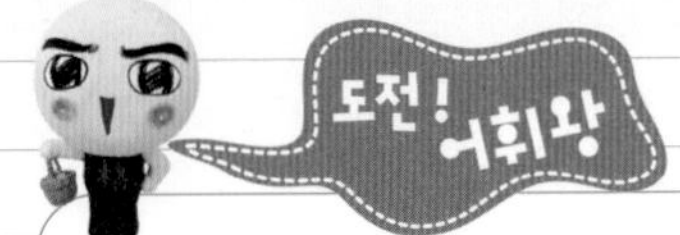
도전! 어휘왕

1 ❶~❹의 뜻을 가진 낱말이 되도록 거미 등의 빈칸에 알맞은 글자를 쓰세요.

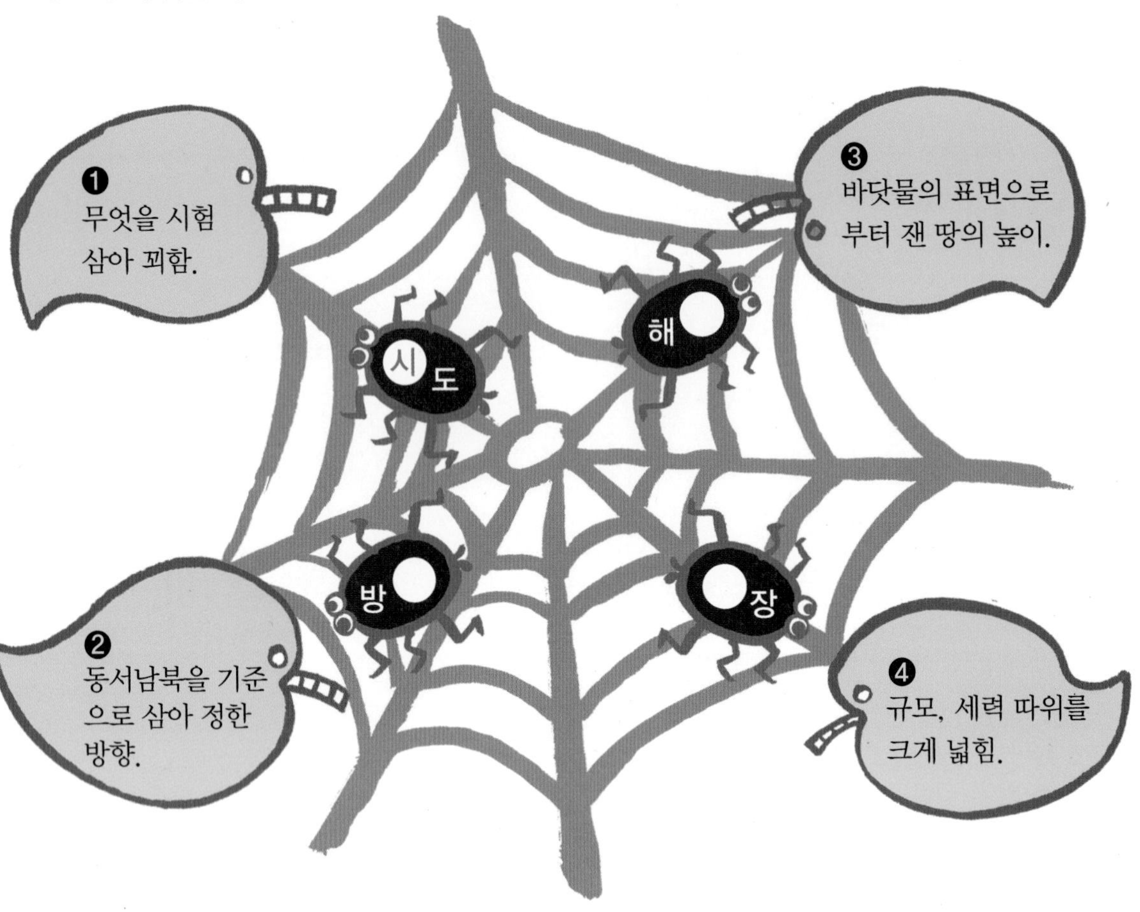
❶
무엇을 시험
삼아 꾀함.
❸
바닷물의 표면으로
부터 잰 땅의 높이.
시
도
해
방
장
❷
동서남북을 기준
으로 삼아 정한
방향.
❹
규모, 세력 따위를
크게 넓힘.

2 〈보기〉에서 설명하는 한자를 빈칸에 쓰세요.

〈보기〉 ❶ 성벽의 입구를 그려 오라는 우두머리의 명령에 성 주위를 돌며 그려 오니, 그림 도, 꾀할 도.
❷ 실타래를 베고 자면 줄어드니, 줄일 축.

❶

回
亠
口
囗

❷

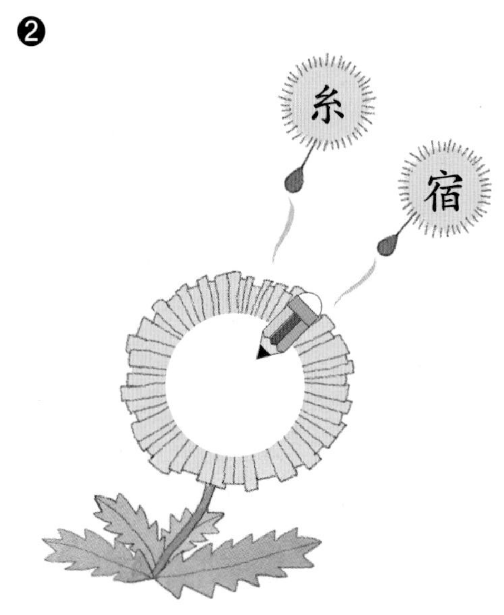
糸
宿

바깥쪽에 있는 글자들을 합치면 한자의 모양을 알 수 있어요.

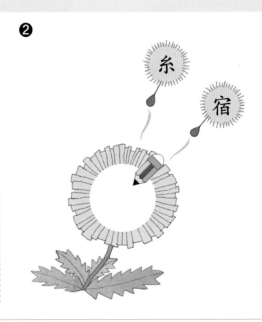

3 ❶~❸의 뜻을 찾아 길에 줄을 그으세요.

❶ 방편
❷ 방방곡곡
❸ 숙소

한 군데도 빠짐이 없는 모든 곳.

형편에 따라 편하게 이용하는 방법.

집을 떠난 사람이 임시로 묵는 곳.

4 주어진 뜻에 해당하는 낱말을 ❶~❹에서 골라 ◯표 하세요.

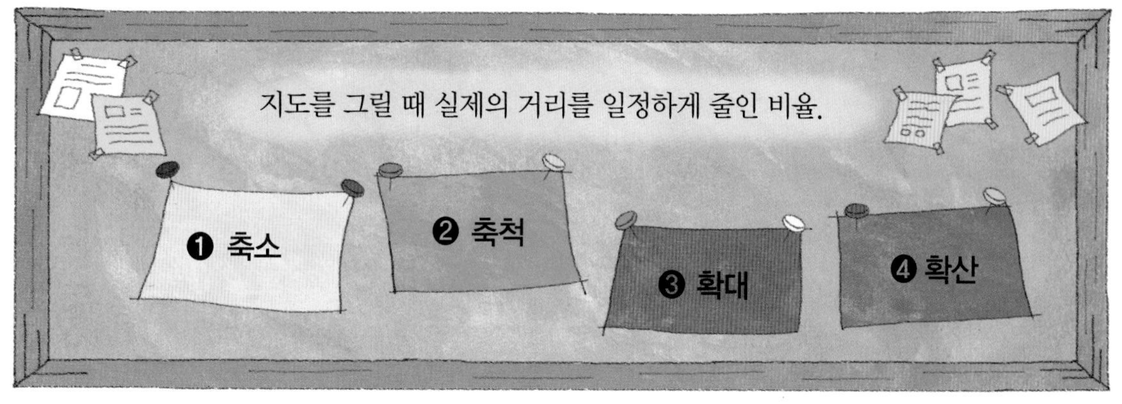

지도를 그릴 때 실제의 거리를 일정하게 줄인 비율.
❶ 축소
❷ 축척
❸ 확대
❹ 확산

평가 문제

1. 〈보기〉의 낱말들에 공통으로 들어가는 한자의 뜻을 고르세요. (　　　　)

〈보기〉 지명, 지형, 지도, 지역

❶ 하늘　❷ 땅　❸ 바람　❹ 비　❺ 눈

2~4 지도의 ㉠~㉢을 가리키는 낱말은 무엇인지 〈보기〉에서 골라 쓰세요.

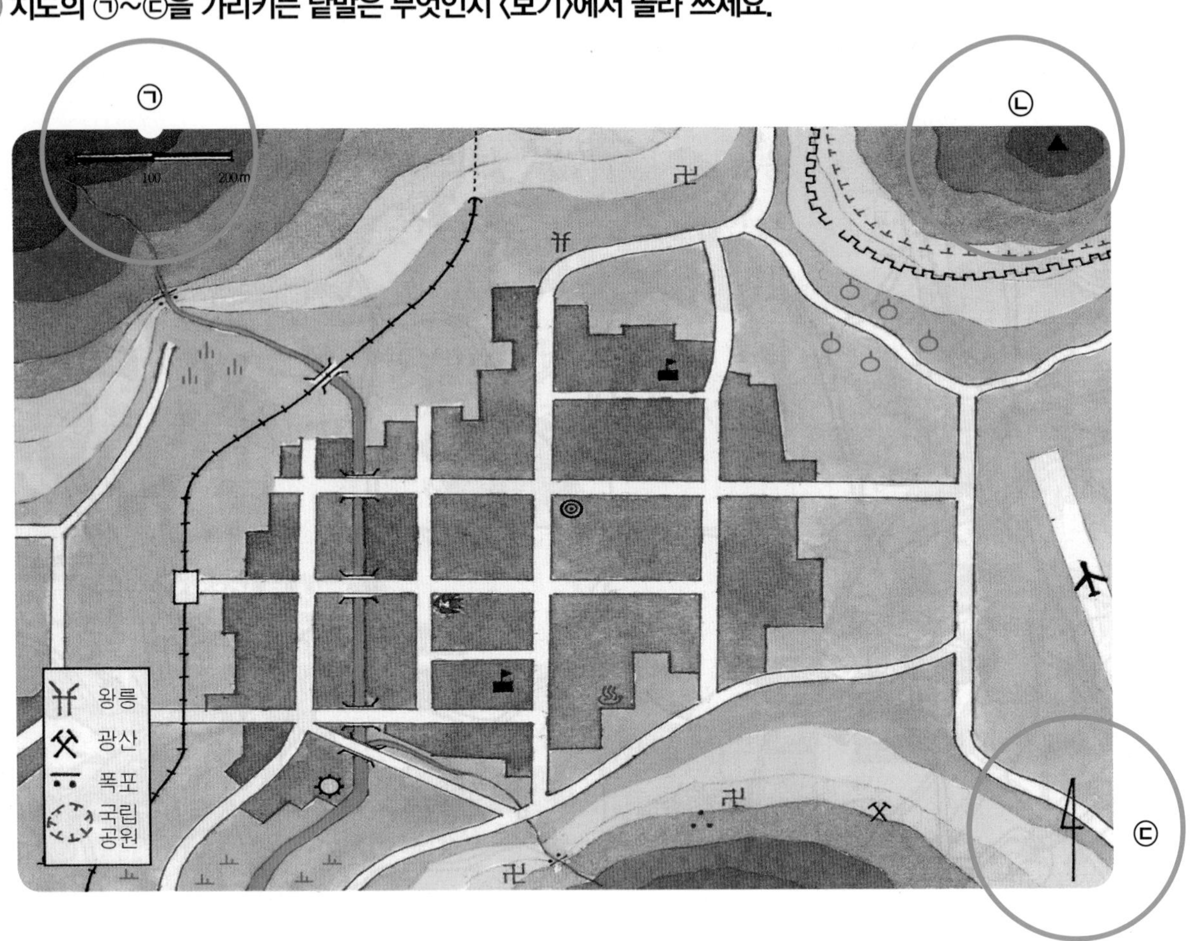

〈보기〉 방위, 축척, 등고선

2. ㉠ (　　　　)　**3.** ㉡ (　　　　)　**4.** ㉢ (　　　　)

5. 〈보기〉의 빈칸에 들어갈 알맞은 말을 고르세요. (　　　　)

〈보기〉 할아버지는 책을 보실 때 (　　　)을 이용하세요.
그래야 작은 글씨도 크게 볼 수 있으니까요.

❶ 보안경　❷ 확대경　❸ 망원경
❹ 현미경　❺ 물안경

6 ~ 8 빈칸에 알맞은 낱말을 〈보기〉에서 골라 쓰세요.

〈보기〉 방안, 처방, 위상

6. 약을 사려면 병원에서 의사 선생님의 (　　　　)을 받아야 한다.

7. 이 문제를 해결할 유일한 (　　　　)은 네가 귀국하는 것이다.

8. 올림픽 덕분에 국제 사회에서 우리나라의 (　　　　)이 높아졌다.

9. 〈보기〉를 뜻하는 낱말을 세 글자로 쓰세요.

〈보기〉 바다의 수면을 기준으로 높이가 같은 곳을 연결한 선.

(　　　　　　)

10. 〈보기〉에서 잘못된 낱말을 찾아 (1)에 쓰고, (2)에 바르게 고쳐 쓰세요.

〈보기〉 축척이 1:10만인 지도는 실제의 땅을 10만분의 1로 확대해서 그린 것이다.

(1) (　　　　　　)
(2) (　　　　　　)

원래 텔레비전은 멀리 떨어져서 보는 거야!

텔레비전 보는 거 좋아하지?
근데 혹시 텔레비전을 너무 가까이서 보는 건 아니니?
원래 텔레비전은… 멀리 떨어져서 보는 거야!
텔레[tele-]라는 말이 원래 '멀리 떨어져 있다'라는 뜻이거든.
그럼 비전[vision]은 뭘까? 비전은 '본다'라는 뜻이야.
그래서 이 두 말을 합치면 텔레비전[television],
즉 멀리 떨어져서 본다라는 뜻이 되는 거지.

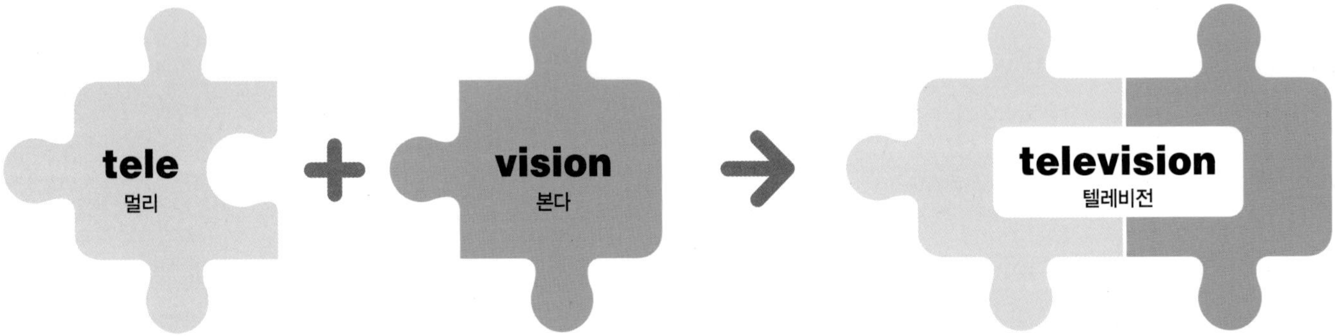

tele 멀리 + **vision** 본다 → **television** 텔레비전

축구 중계를 한번 생각해 봐.
유럽에서 박지성 선수가 뛰는 모습을 우리는 안방에서도 볼 수 있잖아.
어떻게 그럴 수 있지? 텔레비전이 있으니까 가능한 거야.
또 우주 저 멀리 떨어져 있는 우주선의 모습을 안방에서도 볼 수 있잖니.
아무리 멀리 떨어져 있어도 텔레비전이 있으니까 볼 수 있는 거지.
이렇게 생각하니까 그 흔한 텔레비전이 정말 대단하게 보이지 않니?
자, 그럼 텔레[tele-]라는 말이 들어가 있는 단어에는 어떤 것들이 있나 볼까?

telephone

여기서 폰[phone]은 소리라는 뜻이야.
그러니까 텔레폰[telephone]은
멀리 떨어져 있어도 소리를
전달해 주는 '전화'가 되는 거지.

telebanking

뱅킹[banking]은 '은행 거래'를 뜻해.
그래서 텔레뱅킹을 한다는 것은 은행이
멀리 떨어져 있어도 전화를 이용하여
은행 거래를 할 수 있다는 거야.

telescope

멀리 떨어진 것을 볼 때 사용하는
장치[scope]가 뭐지?
그래, 바로 '망원경'이야.
한쪽 눈에 대고 멀리 볼 때 쓰는
망원경 말이야.

telepathy

텔레파시라고 들어 봤니?
'멀리 떨어진 사람끼리 서로 마음이나
생각[pathy]이 통하는 것'이야.
멀리 떨어진 친구끼리 이러면
정말 좋겠지?

콕콕 정답

제1일차

05쪽 1. 지도 2. 무인도 3. 항해도
4. 조류 5. 방위 6. 나침반

06쪽 ❶ 지형 ❷ 지도 ❸ 지명

07쪽 ❶ 주제도 ❷ 일반도 ❸ 전도

08쪽 ❶ 성벽 ❷ 입구 ❸ 우두머리
❹ 돌며 ❺ 도

09쪽

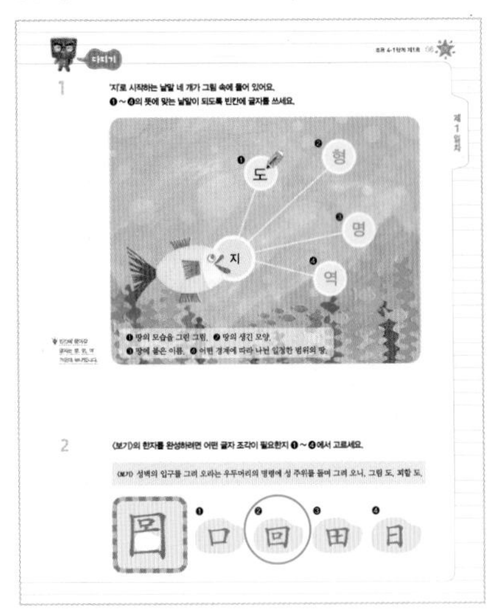

제2일차

10쪽 ❶ 방편 ❷ 방위 ❸ 처방

11쪽 ❶ 품위 ❷ 위상 ❸ 위계

12쪽 ❶ 모 ❷ 방향 ❸ 방

13쪽

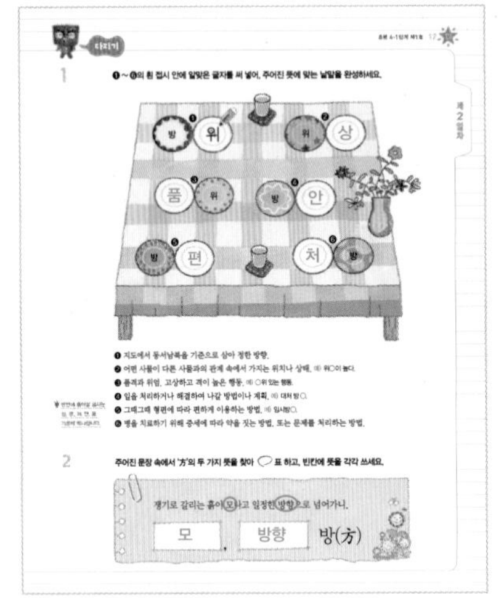

제3일차

17쪽 1. 등고선 2. 산봉우리 3. 축척
4. 의기양양 5. 가파른 6. 완만한

18쪽 ❶ 축소 ❷ 축척 ❸ 감축

19쪽 ❶ 확장 ❷ 확대경 ❸ 확대

20쪽 ❶ 실 ❷ 자면 ❸ 축

21쪽

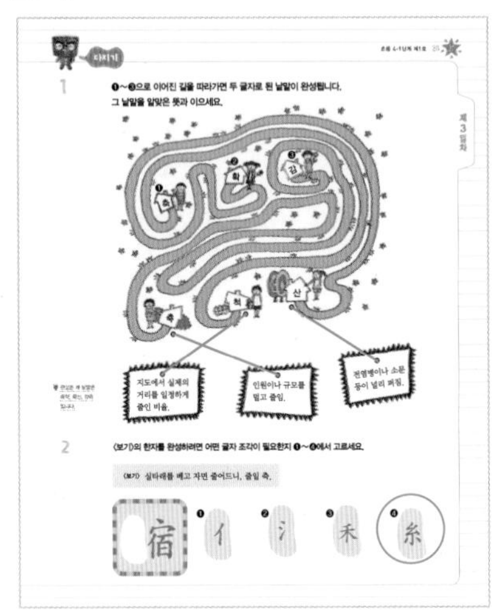

제4일차

22쪽 ❶ 등고선 ❷ 계곡선 ❸ 주곡선

23쪽 ❶ 해발 ❷ 해수면 ❸ 고도

24쪽 ❶ 실 ❷ 샘 ❸ 선

25쪽

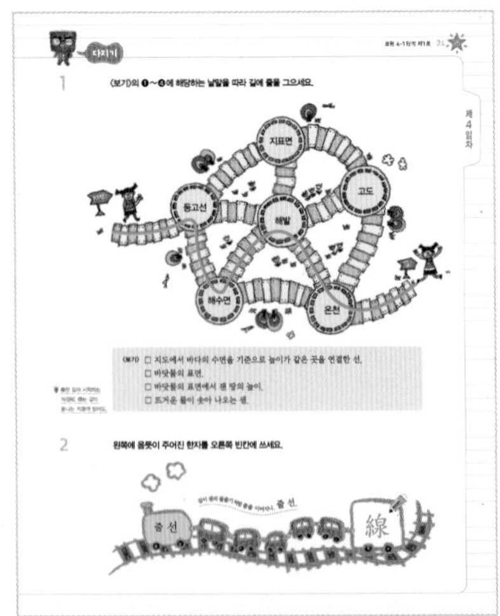

제5일차

도전! 어휘왕

28-29쪽

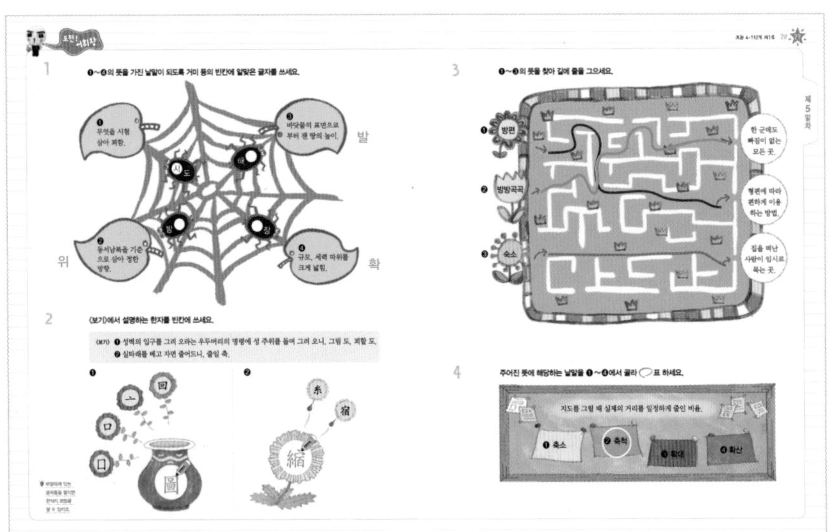

평가 문제

30-31쪽 1. ❷ 2. 축척 3. 등고선 4. 방위 5. ❷ 6. 처방
7. 방안 8. 위상 9. 등고선 10. (1) 확대 (2) 축소

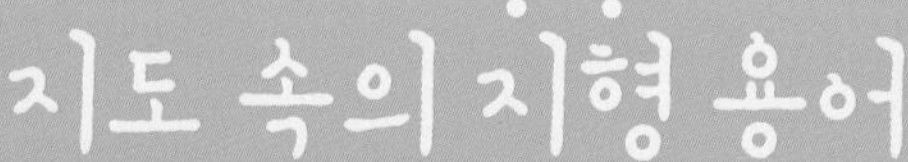

지도 속의 지형 용어

지도 보기, 너무 어렵지?
알쏭달쏭 기호들도 어렵지만, 어려운 말은 왜 그렇게 많은지!
하지만 다음 말들만 잘 익혀 두면,
지도 보기가 훨씬 쉬워질 거야!

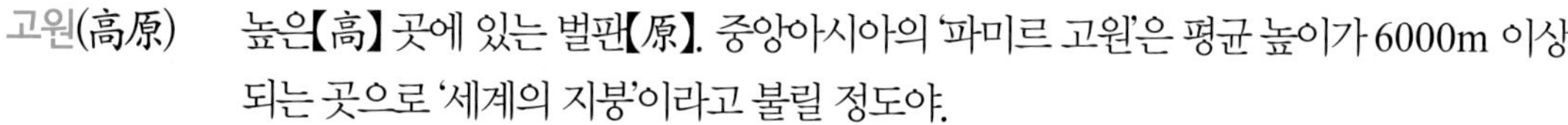

고원(高原) 높은【高】 곳에 있는 벌판【原】. 중앙아시아의 '파미르 고원'은 평균 높이가 6000m 이상 되는 곳으로 '세계의 지붕'이라고 불릴 정도야.

평원(平原) 평평한【平】 들판【原】이 대규모로 펼쳐져 있는 것. 북아메리카 중앙에 남북으로 길게 뻗은 '그레이트플레인스'는 평원 중에서도 그 규모가 엄청나 '대평원'이라고 불리는 곳이야.

산맥(山脈) 산봉우리【山】들이 길게 연달아【脈】이어진 지형. 우리나라 동쪽으로 길게 뻗은 태백산맥은 길이가 600km나 되고, 금강산, 설악산, 오대산 등이 줄줄이 이어지지.

반도(半島) 삼면이 바다로 둘러싸이고 한 면은 육지에 이어진 땅. 사방이 모두 바다인 '도(島)'와 비교해 '반도(半島)'라고 부르지. 우리나라를 '한반도'라고 부르는 것도 지형 때문이야.

만(灣) 물굽이【灣】를 말해. 바다가 육지 쪽으로 들어와 있는 형태의 지형이지. 석유 수출과 걸프(Gulf) 전쟁으로 유명한 페르시아 만이 대표적이란다.

분지(盆地) 물동이【盆】처럼 주변이 산으로 둘러싸여 있고 안은 평평한 땅【地】이야. 우리나라의 경우 대구직할시가 분지 지형에 자리 잡은 도시지.

해협(海峽) 육지 사이에 끼여 있는 좁고 긴 바다야. 바다【海】의 골짜기【峽】라고 생각하면 어떨까? '대한 해협'은 일본과 우리나라 사이에 끼여 있는 좁은 바다란다.

제도(諸島) 여러【諸】 섬【島】이 모여 있는 곳. 아프리카 북서부에 있는 '카나리아 제도'는 13개의 섬으로 이루어져 있지.

군도(群島) 무리 지어【群】 모인 섬【島】들이란 뜻이야. '제도'와 다른 점은, 제도는 규모가 크고 육지에서 멀리 떨어진 섬들의 무리인데, '군도'는 육지 근처에 옹기종기 모여 있는 섬들의 무리를 가리킨다는 거야.

열도(列島) 줄지어 늘어선【列】 섬【島】들. 길게 줄을 지어 모여 있는 형태를 띤 섬들의 무리를 특히 '열도'라고 해. '일본 열도'라는 말을 들어 보았을 거야.

마법의 상위권 어휘 스스로 평가표

01

다음 네 낱말 중 뜻을 자신 있게 말할 수 있는 낱말은 ○표, 알쏭달쏭한 낱말은 △표, 자신 없는 낱말은 ×표 하세요.

지도 (　　) | 방위 (　　) | 축척 (　　) | 등고선 (　　)

02

다음 네 한자 중 음과 뜻을 자신 있게 말할 수 있는 것은 ○표, 알쏭달쏭한 것은 △표, 자신 없는 것은 ×표 하세요.

圖 (　　) | 方 (　　) | 縮 (　　) | 線 (　　)

03

〈평가 문제〉를 모두 풀고 정답을 확인해 보세요. 10문항 중 내가 맞힌 문항 수는 몇 개인가요?

❶ 9-10 문항 (　　) | ❷ 7-8 문항 (　　) | ❸ 3-4 문항 (　　) | ❹ 1-2 문항 (　　)

| 부모님과 선생님께 |

위에서 어린이가 스스로 적은 내용을 보고, 어린이가 어려워하는 부분을 함께 보면서 어휘의 뜻과 쓰임을 이해할 수 있도록 해 주세요.

초등 4-1 단계

스토리텔링식 신교과서 학습을 위한

마법의 상위권 어휘

제 2 호

어휘가 쑥쑥 자라요.

부모님과 선생님께서는 이렇게 지도해 주세요

제 1 일차	제 2 일차	제 3 일차	제 4 일차	제 5 일차
석기 시대의 사냥 이야기를 읽고, 대표 어휘 '변'의 뜻과 한자 '邊'을 익힙니다. '변'에서 확장된 여러 낱말의 뜻을 스스로 추론해 보도록 지도해 주세요.	대표 어휘 '월등'의 뜻과 한자 '等'을 익히고, 관계 있는 낱말도 함께 익힙니다. 다지기 문제를 풀어 보고, 여러 가지 걸음의 종류도 익히도록 해 주세요.	곡예사와 줄타기 이야기를 읽고, 대표 어휘 '수평'의 뜻과 한자 '衡'을 익힙니다. '수평'에서 확장된 여러 낱말의 뜻을 스스로 추론해 보도록 지도해 주세요.	대표 어휘 '평행'의 뜻과 한자 '平'을 익히고, 관계있는 낱말도 함께 익힙니다. 다지기 문제를 풀어 보고, '벌이다'와 '벌리다'를 구별하여 쓰도록 해 주세요.	재미있는 게임 문제와 학교 시험 유형의 평가 문제를 풀며 어휘 실력을 다집니다. '디자이너(designer)'과 구성 원리가 비슷한 영단어들도 함께 익히도록 해 주세요.

이런 내용을 배워요!

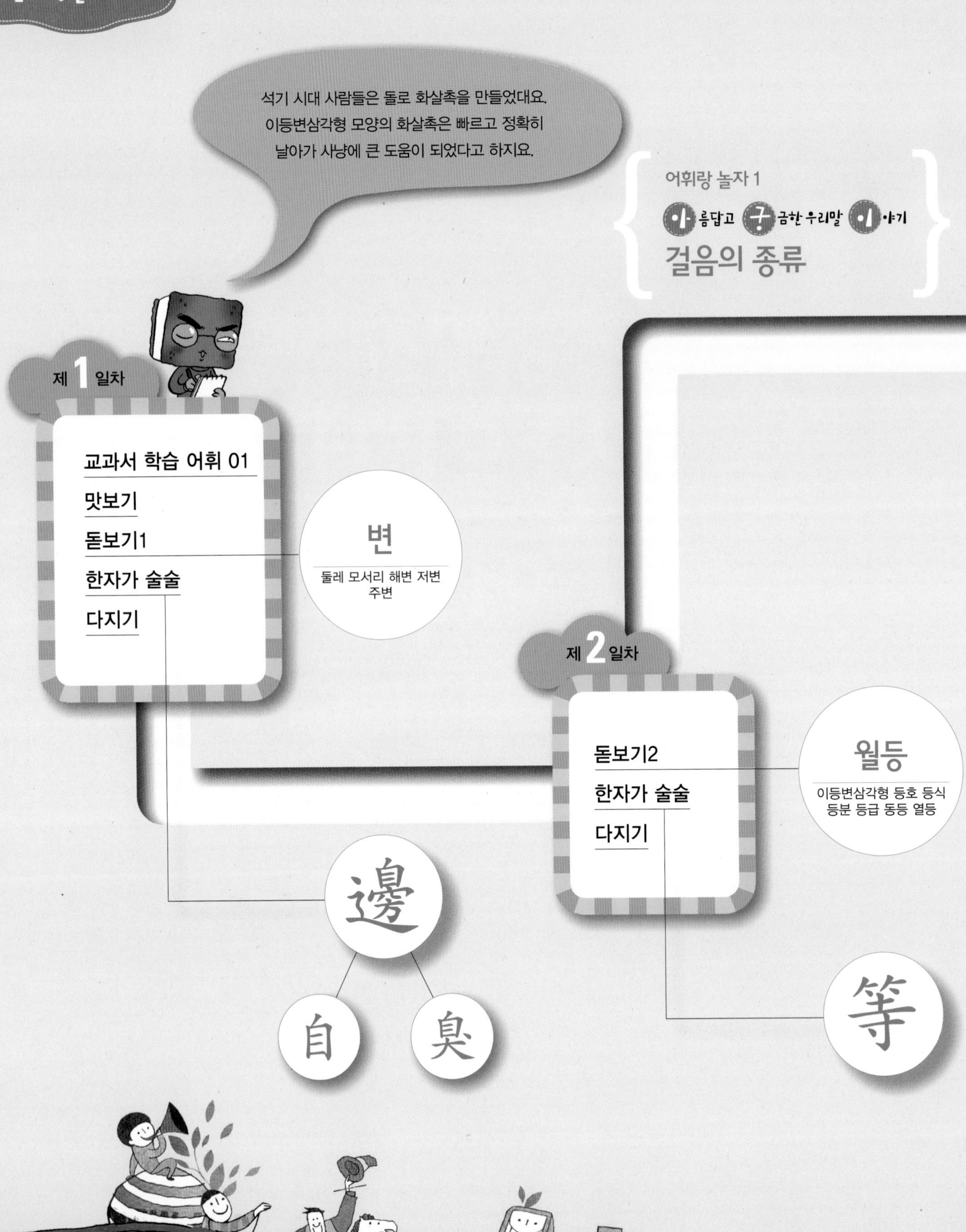

석기 시대 사람들은 돌로 화살촉을 만들었대요.
이등변삼각형 모양의 화살촉은 빠르고 정확히
날아가 사냥에 큰 도움이 되었다고 하지요.
어휘랑 놀자 1
아름답고 궁금한 우리말 이야기
걸음의 종류
제 1 일차
교과서 학습 어휘 01
맛보기
돋보기1
한자가 술술
다지기
변
둘레 모서리 해변 저변 주변
邊
自
臭
제 2 일차
돋보기2
한자가 술술
다지기
월등
이등변삼각형 등호 등식 등분 등급 동등 열등
等

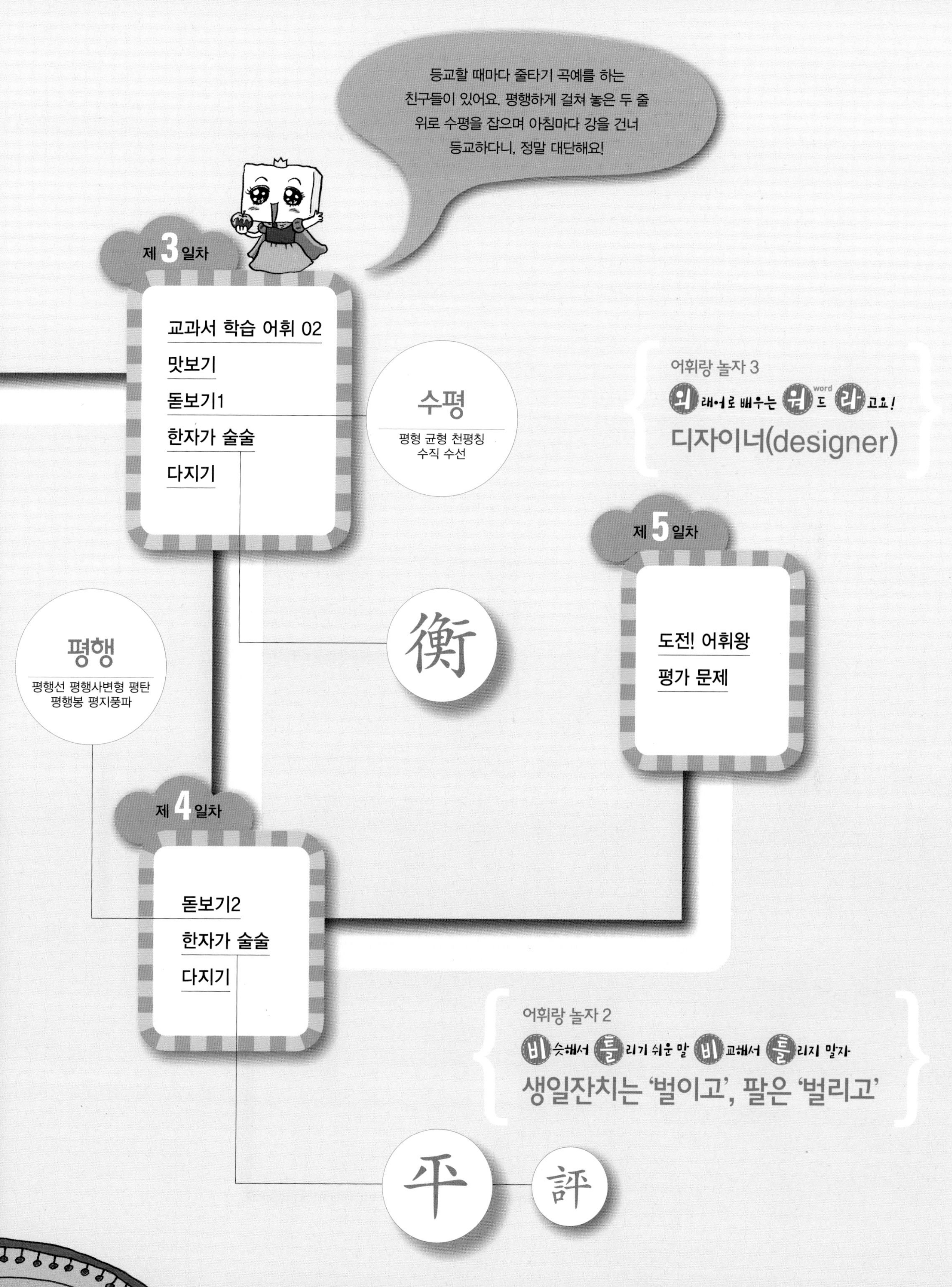

등교할 때마다 줄타기 곡예를 하는
친구들이 있어요. 평행하게 걸쳐 놓은 두 줄
위로 수평을 잡으며 아침마다 강을 건너
등교하다니, 정말 대단해요!
제 3 일차
교과서 학습 어휘 02
맛보기
돋보기1
한자가 술술
다지기
수평
평형 균형 천평칭
수직 수선
衡
어휘랑 놀자 3
외래어로 배우는 워드(word) 라고요!
디자이너(designer)
제 5 일차
도전! 어휘왕
평가 문제
평행
평행선 평행사변형 평탄
평행봉 평지풍파
제 4 일차
돋보기2
한자가 술술
다지기
어휘랑 놀자 2
비슷해서 틀리기 쉬운 말 비교해서 틀리지 말자
생일잔치는 '벌이고', 팔은 '벌리고'
平
評

◑ 글 속의 주황색 낱말들은 무슨 뜻일까요? 잘 생각하면서 다음 글을 읽어 보세요.

석기 시대의 돌살촉을 본 적 있나요? 돌로 만든 화살촉 말이에요.
화살촉은 사람이 살아가는 데 아주 중요한 도구였습니다.
화살을 쓰면 몸집이 사람보다 월등히 큰 짐승과 맞붙어 싸우지 않아도 되었으므로,
생명과 안전을 지키는 데 효과적이었지요.
그래서 사람들은 빠르게 날아가 표적에 정확히 꽂힐 수 있는 화살촉을 만들려고 애썼습니다.
돌살촉은 끝이 뾰족한 이등변삼각형 모양입니다.
이런 모양은 공기와 부딪치는 면을 줄여 주므로 화살이 훨씬 빠르게 날아갑니다.
또 두 변의 길이가 같으니까 균형을 이루어 똑바로 날 수 있지요.
어린이들이 접어 날리는 종이비행기의 모양에도 이런 원리가 들어 있어요.
아마 옛사람들은 어떤 모양의 화살촉을 달아야 화살이
가장 빠르고 정확하게 꽂힐 수 있는지 알기 위해 시행착오를 숱하게 거쳤을 것입니다.

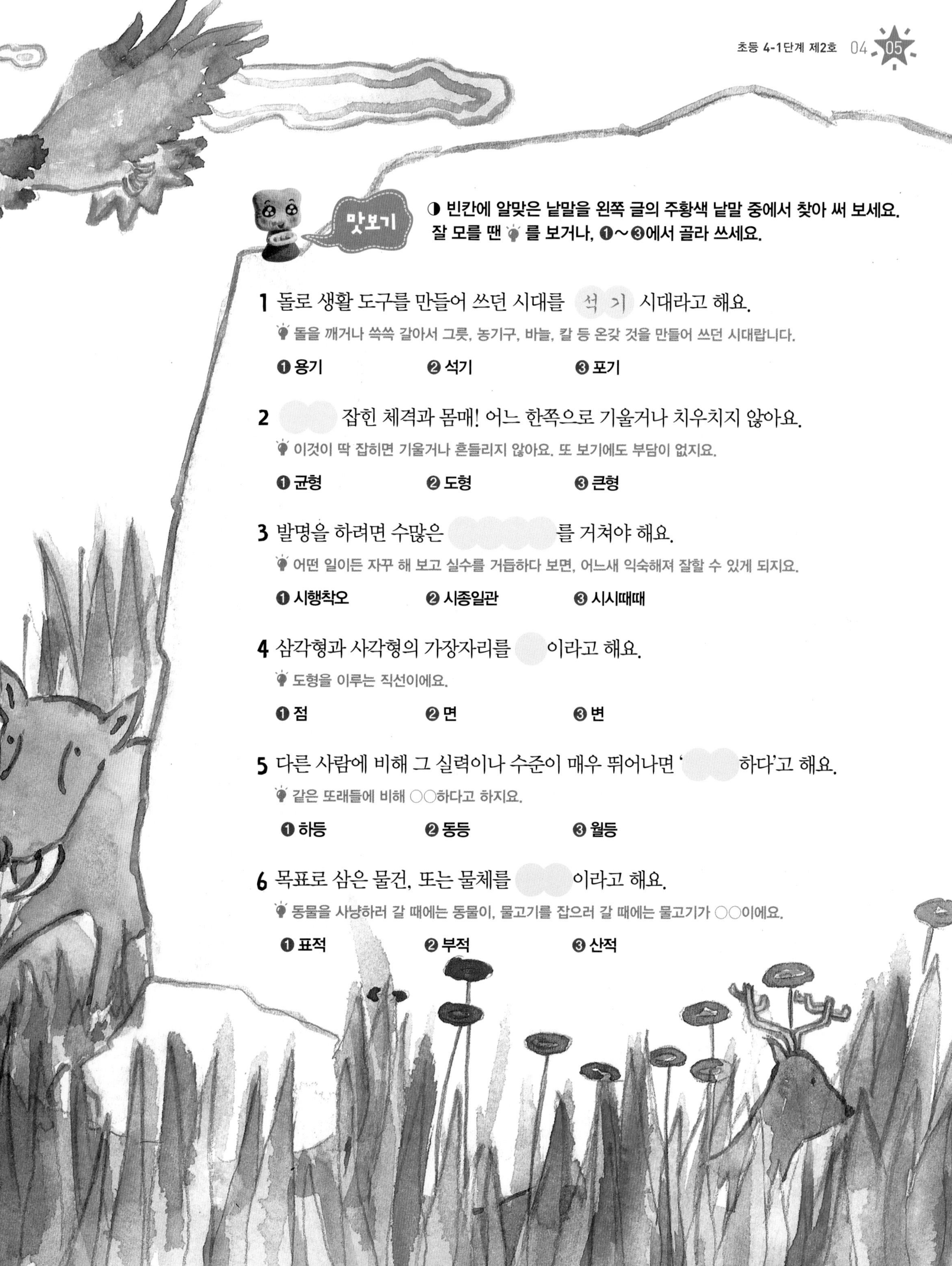

◑ 빈칸에 알맞은 낱말을 왼쪽 글의 주황색 낱말 중에서 찾아 써 보세요.
잘 모를 땐 💡를 보거나, ❶~❸에서 골라 쓰세요.

1 돌로 생활 도구를 만들어 쓰던 시대를 (석 기) 시대라고 해요.

💡 돌을 깨거나 쓱쓱 갈아서 그릇, 농기구, 바늘, 칼 등 온갖 것을 만들어 쓰던 시대랍니다.

❶ 용기 ❷ 석기 ❸ 포기

2 ( ) 잡힌 체격과 몸매! 어느 한쪽으로 기울거나 치우치지 않아요.

💡 이것이 딱 잡히면 기울거나 흔들리지 않아요. 또 보기에도 부담이 없지요.

❶ 균형 ❷ 도형 ❸ 큰형

3 발명을 하려면 수많은 ( )를 거쳐야 해요.

💡 어떤 일이든 자꾸 해 보고 실수를 거듭하다 보면, 어느새 익숙해져 잘할 수 있게 되지요.

❶ 시행착오 ❷ 시종일관 ❸ 시시때때

4 삼각형과 사각형의 가장자리를 ( )이라고 해요.

💡 도형을 이루는 직선이에요.

❶ 점 ❷ 면 ❸ 변

5 다른 사람에 비해 그 실력이나 수준이 매우 뛰어나면 '( )하다'고 해요.

💡 같은 또래들에 비해 ○○하다고 하지요.

❶ 하등 ❷ 동등 ❸ 월등

6 목표로 삼은 물건, 또는 물체를 ( )이라고 해요.

💡 동물을 사냥하러 갈 때에는 동물이, 물고기를 잡으러 갈 때에는 물고기가 ○○이에요.

❶ 표적 ❷ 부적 ❸ 산적

'변'은 '가장자리'를 이르는 한자 말이지.
도형의 가장자리를 변이라고 해.

나도 변을 갖고 싶어!

낱 가장자리【邊】.
교 도형을 이루는 가장자리 직선.
예 평행사변형이란 마주 보는 두 쌍의 변이 평행인 도형이다.

낱 은 낱글자 풀이, 교 는 교과서의 뜻이야!

그런데 모든 도형의 가장자리를 다 변이라고 하진 않아.
쑥개떡 얼굴의 둥근 가장자리는 변이 아니라 '둘레'라고 하지.
변은 삼각형, 사각형처럼 각이 있는 도형을 이루는 직선이란다.
그러니 둥글둥글한 쑥개떡은 여전히 변이 없지!

그럼 이 할미가 변을 만들어 주마.
호호호, 하지만 그건 변이 아니죠!

둘레

교 원을 이루는 가장자리 선.
예 원 둘레의 길이를 재어 보자.

네모공주 백설기는 변이 있을까?
백설기나 시루떡은 앞에서 보면 사각형이지만
실제로는 면이 6개인 입체도형이야.
입체도형의 가장자리는 변이라고 하지 않고 '모서리'라고 해.

모서리

교 입체도형을 이루는 가장자리 직선.
예 육면체의 가장자리를 이루는 직선을 모서리라고 한다.

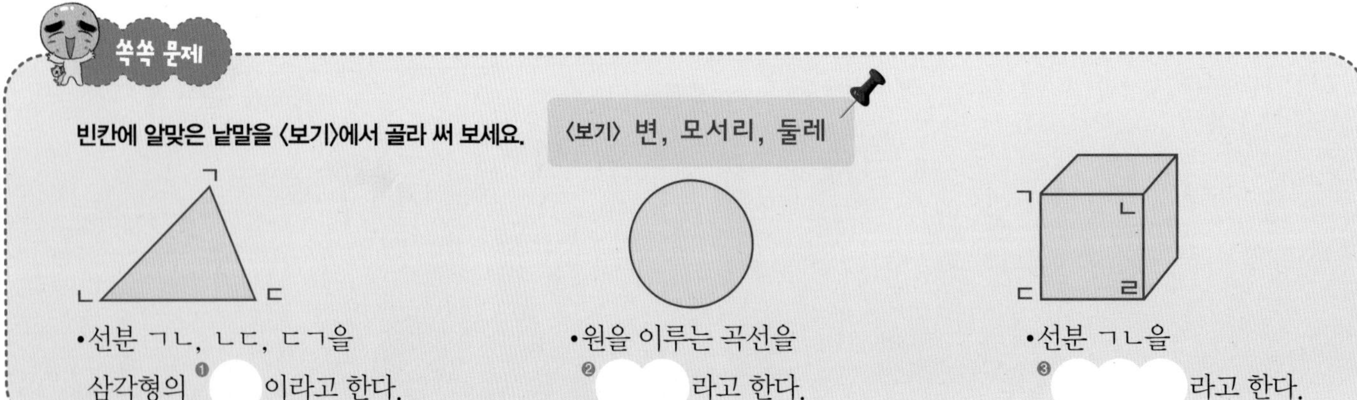

빈칸에 알맞은 낱말을 〈보기〉에서 골라 써 보세요.

〈보기〉 변, 모서리, 둘레

- 선분 ㄱㄴ, ㄴㄷ, ㄷㄱ을 삼각형의 ❶ ( ) 이라고 한다.
- 원을 이루는 곡선을 ❷ ( ) 라고 한다.
- 선분 ㄱㄴ을 ❸ ( ) 라고 한다.

'변'이 쓰인 말을 살펴보면, 대체로 어떤 대상의 가장자리란 뜻을 나타내.
다음 글 속에서 '변'이 들어간 낱말들이 어떤 뜻으로 쓰였는지 알아보자.

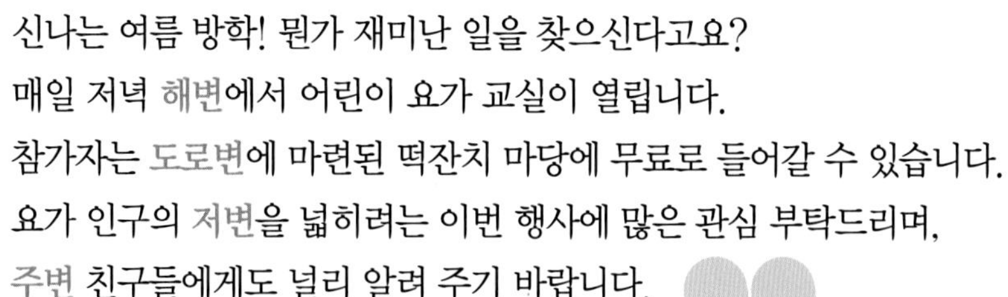

신나는 여름 방학! 뭔가 재미난 일을 찾으신다고요?
매일 저녁 해변에서 어린이 요가 교실이 열립니다.
참가자는 도로변에 마련된 떡잔치 마당에 무료로 들어갈 수 있습니다.
요가 인구의 저변을 넓히려는 이번 행사에 많은 관심 부탁드리며,
주변 친구들에게도 널리 알려 주기 바랍니다.

낱 교 바다【海】 가장자리【邊】

'해변'은 바닷가란 뜻이지.
바다가 육지와 만나는 지점을 말해.

예 파도치는 해변에 오니 마음이 상쾌하다.

해변.

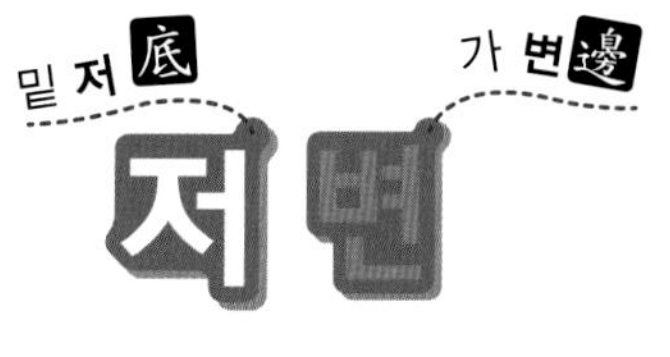

낱 아래【底】 있는 변(邊).

'저변'을 낱글자로 풀이하면 아래 있는 변이야.
한 분야의 밑바탕을 이루는 부분이란 뜻이지.
주로 문화나 학문 등 눈에 보이지 않는 것의 밑바탕을 말해.

예 독서 인구의 저변을 넓히려면 어떻게 해야 할까?

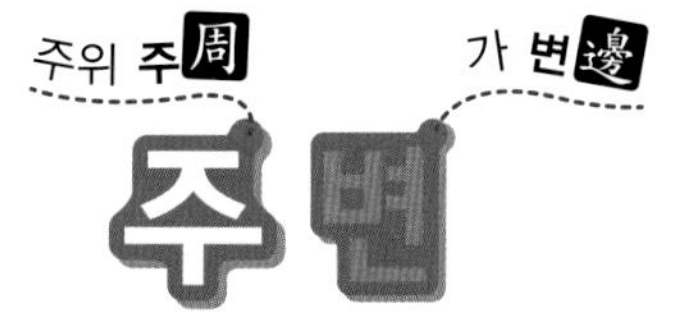

낱 교 주위【周】의 변(邊).

'주변'은 주위, 둘레란 뜻이야.
'말주변' 등에 쓰인 주변은 어떤 일을
거침없이 해 나가는 재주나 능력을 말해.

예 주변을 둘러봐도 사람 하나 보이지 않았다.

빈칸에 알맞은 낱말을 〈보기〉에서 골라 써 보세요.

〈보기〉 저변, 주변, 해변

- 여름이면 사람들은 ❶ ______ 에서 해수욕을 즐긴다.
- 말을 이리저리 척척 잘 둘러대는 사람을 말 ❷ ______ 이 좋다고 한다.
- 축구를 좋아하고 즐기는 사람이 많아지면 축구 인구의 ❸ ______ 이 넓어졌다고 한다.

한자의 뜻과 유래에 대한 설명을 읽고, 한자를 익혀 보세요.

邊

준4급

가 변

총 19획 | 부수 辶, 15획

아주 오랜 옛날에는 사람들이 동굴에서 살았어.
특히 추위와 짐승의 공격을 피하려면 동굴에서도 안쪽에 주로 살았을 거야.
그러다 보니 동굴에서 나가는 바깥쪽은 생활의 중심에서 멀어졌겠지?
그래서 동굴의 구멍【穴】 쪽【方】으로부터【自】 걸어 나가는【辶】 곳이 '가장자리'가 되었단다.

구멍【穴】 쪽【方】으로부터【自】 걸어 나가는【辶】 곳이니, 가 변.

穴 + 方 + 自 + 辶 = 邊
구멍 혈 + 쪽 방 + (부터) + 천천히 걸을 착 = 가 변

❸ 自는 '자기, 스스로'라는 뜻이나, 여기서는 '~부터'라는 뜻으로 쓰임.

自

7급

스스로 자

총 6획 | 부수 自

'自'는 '스스로'라는 뜻으로 널리 쓰여.
이 글자는 원래 코 모양을 본떠 만들었단다.
자기를 가리킬 때 보통 손으로 코를 가리킨다고 해서
'스스로'라는 뜻을 갖게 되었어.

臭

3급

냄새 취

총 10획 | 부수 自, 4획

자기【自】 집을 찾아가는 개【犬】들은 냄새를 맡으니, 냄새 취(臭).
개들은 자기【自】 집을 찾아갈 때 킁킁거리고
냄새를 맡지? 그래서 여기에 개 견(犬)이 합쳐지면
'냄새 취'라는 글자가 된단다!

'한자 암기카드'를 보고 빈칸에 들어갈 말을 써 보세요.

❶ ( )【穴】 ❷ ( )【方】 ❸ ( )【自】 걸 어 ❹ ( )【辶】 곳이니, 가 변(邊).

邊의 뜻은 (가) 이고, 음은 ❺ ( ) 입니다.

邊의 어원을 생각하면서 필순에 따라 써 보세요.

邊 邊 邊 邊 邊 邊 邊 邊 邊 邊 邊 邊 邊 邊 邊 邊 邊 邊 邊

邊	邊	邊	邊	邊			

제1일차

1

❶～❸의 뜻을 가진 낱말이 되도록 알맞은 글자를 빈칸에 쓰세요.

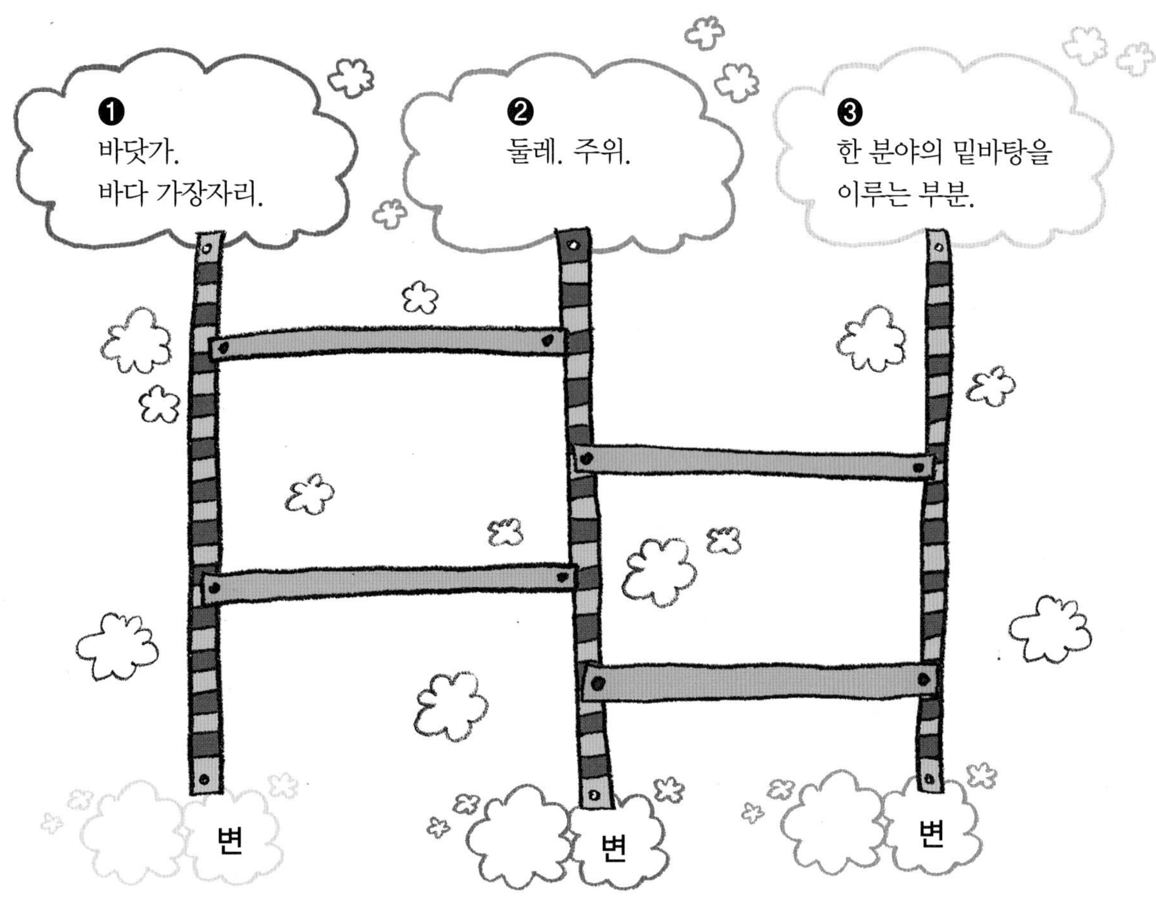

사다리 타기가 어려우면 같은 색의 빈칸을 찾아가세요.

2

❶～❷의 빈칸에 주어진 음뜻의 한자를 쓰세요.

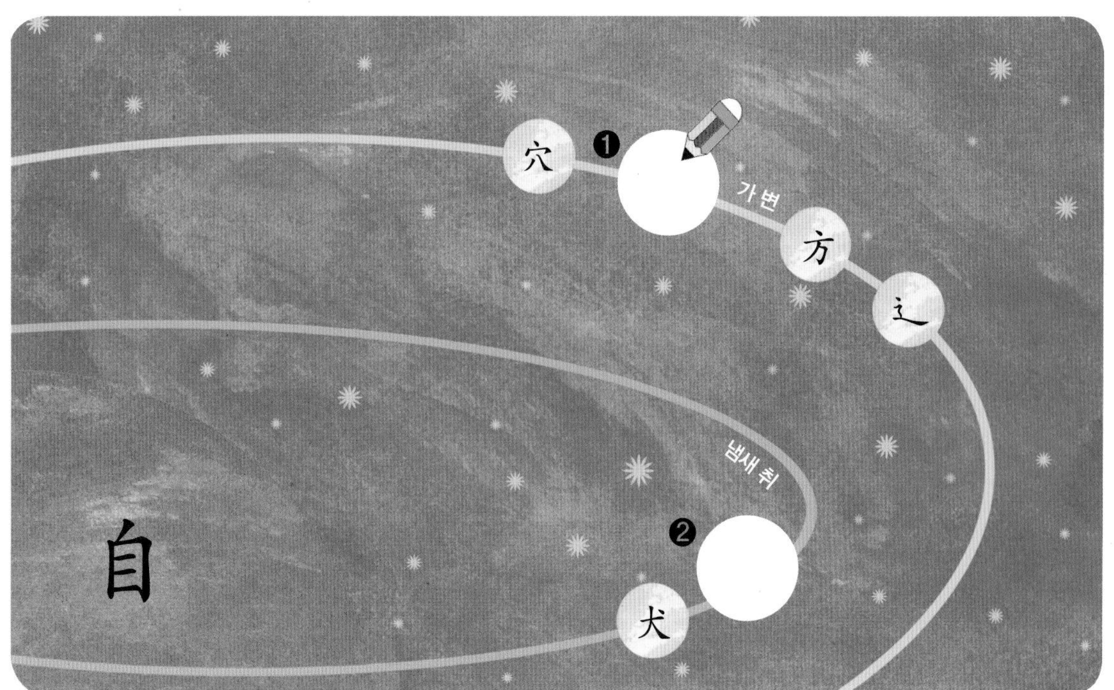

빨간 별과 노란 별의 글자를 합치면 한자 모양을 알 수 있어요.

돋보기2

화살을 쓰면 몸집이 **월등**히 큰 짐승과 맞붙어 싸우지 않아도

시루떡이 한껏 뽐내고 있어. 이번 시험에서 우등상을 받았거든.
'우등상'이란 다른 친구들보다 성적이 뛰어난 사람에게 주는 상이지.
'월등'이나 '우등'은 무리들보다 뛰어날 때 쓰는 말이야.
특히 '월등'은 무리들과 비교할 수 없을 만큼 그 차이가 클 때 쓰지.

- 낱 무리【等】보다 뛰어남【越】
- 교 다른 것보다 훨씬 뛰어남.
- 예 그 선수의 탁구 실력은 같은 반 친구들과 월등한 차이를 보였다.

'등'은 같다는 뜻도 있는데, 앞에서 배운 '변'과 만나면 '길이가 같은 변'이란 뜻이 돼.
'이등변'은 길이가 같은 두 개의 변이란다. '이등변삼각형'은 두 변의 길이가 같은 삼각형이지!

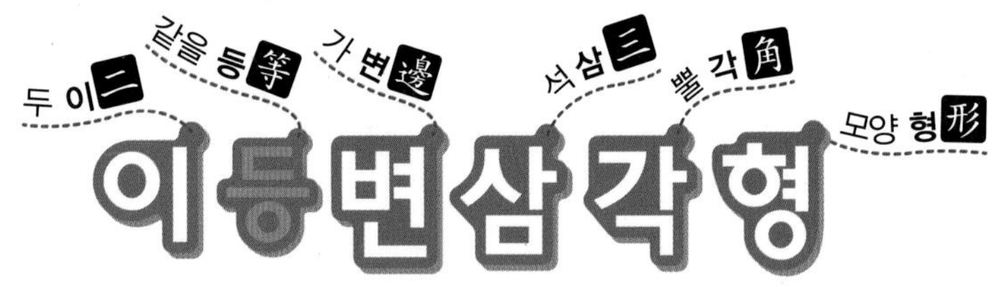

- 낱 교 두【二】 변(邊)의 길이가 같은【等】 삼각형(三角形).
- 예 이등변삼각형은 두 변의 길이가 같다.

- 낱 교 같음【等】을 나타내는 부호【號】.
- 예 두 식이나 두 수가 같다는 뜻을 나타낼 때는 등호(=)를 사용한다.

수학 책에는 '등'이 들어간 말이 많단다.
양쪽이 같다는 뜻으로 쓰는 '=' 기호는 '등호'라고 하고, 등호가 들어 있는 식을 '등식'이라고 해.

- 낱 교 같은【等】 값을 갖는 식(式).
- 예 '2+3=5'와 같은 식을 등식이라 한다.

빈칸에 알맞은 낱말을 〈보기〉에서 골라 써 보세요.

〈보기〉 등변, 월등, 이등변

- 길이가 같은 변을 ❶ (　　) 이라고 한다.
- 세 변 중 두 변의 길이가 같은 삼각형은 ❷ (　　) 삼각형이다.
- 그의 노래 실력은 다른 친구들보다 ❸ (　　) 하다.

제 2 일차

피자나 케이크, 수박을 여러 사람이 나누어 먹으려면
똑같은 크기가 되도록 잘라야겠지?
오른쪽 사진처럼 여섯 조각의 똑같은 크기로 자르는 걸 6'등분'이라고 해.

낱 교 똑같이【等】 나눔【分】.

예 피자 한 판을 6등분했다.

'등'은 '같은 것끼리 모아 놓은 무리' 또는 '차례'의 뜻으로도 쓰여.
다음 글에서 '등'이 쓰인 단어들의 뜻을 알아보자.

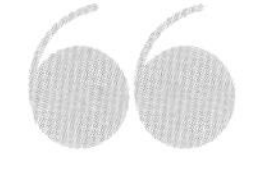

인기 가수 가래떡, 그 인기의 비결은 무엇일까요?
우선 뛰어난 노래 실력을 들 수 있지요. 다른 신인 가수들도 가래떡과
동등한 조건에서 출발했지만,
가래떡의 엄청난 연습량을 넘어서지 못했다고 해요.
그리고 멋진 외모를 들 수 있죠. 최고 등급 쌀가루에서 나온
하얗고 깨끗한 피부는 누구라도 열등감을 느낄 정도니까요.
몸매 유지를 위해 하루도 운동을 거르지 않는다니, 과연 대단하지요?

낱 교 차례【等】대로 나눈 등급【級】.

높고 낮음, 좋고 나쁨의 차이를 차례대로 구분해 나눈 층이야.

예 이 쇠고기는 1등급 한우입니다.

낱 교 무리【等】와 수준이 같음【同】.

수준이나 정도가 같은 것이야. 서로 같은 수준에 있을 때 동등하다고 말해.

교 너와 나는 동등한 처지에 있다.

낱 교 무리【等】보다 수준이 못함【劣】.

같은 무리에 비해 못한 거야. 열등감이란 자기가 다른 사람보다 못하다고 생각하는 거지.

교 그는 열등감에 빠졌다.

빈칸에 알맞은 낱말을 〈보기〉에서 골라 써 보세요.

〈보기〉 열등, 동등, 등급

- 이 우유는 자연 속에서 건강하게 자란 소에서 짠 최고 ❶ (　　) 우유이다.
- 타사 제품과 가격은 ❷ (　　) 하지만, 품질만큼은 비교할 수 없다.
- 불필요한 ❸ (　　) 의식은 사람의 발전을 가로막는 걸림돌이다.

한자가
술술

한자의 뜻과 유래에 대한 설명을 읽고, 한자를 익혀 보세요.

等

6급

갈을, 무리, 차례 등

총 12획 | 부수 竹, 6획

조용한 절【寺】 뒤로 빽빽이 자라 숲을 이룬 대나무【竹】를 떠올려 보렴.
절 뒤에는 보통 빽빽하게 숲을 이룰 수 있는 나무를 많이 심곤 했단다.
줄기가 가늘고 잎이 많지 않은 대나무는 비슷한 높이로 떼를 지어 자라야 시원한 그늘을 만들 수 있지.

주위에 대나무 숲이 자리한 절.

한자 암기카드

❶ 대【竹】가
❷ 절【寺】 주변에 같은 무리를 이루고 차례대로 서 있으니

대【竹】가 절【寺】 주변에 같은 무리를 이루고 차례대로 서 있으니, 같을 등, 무리 등, 차례 등.

竹 + 寺 = 等

대 죽 / 절 사 / 갈을, 무리, 차례 등

옛날에 종이가 없을 때는 대나무 조각에 중요한 일들을 기록했어.
그것을 '죽간'이라고 했지.
죽간은 2세기 즈음 중국에서 종이가 발명되기 전까지 널리 쓰였어.
대나무가 없을 때는 나뭇조각을 잘라 죽간처럼 만들어 썼단다.

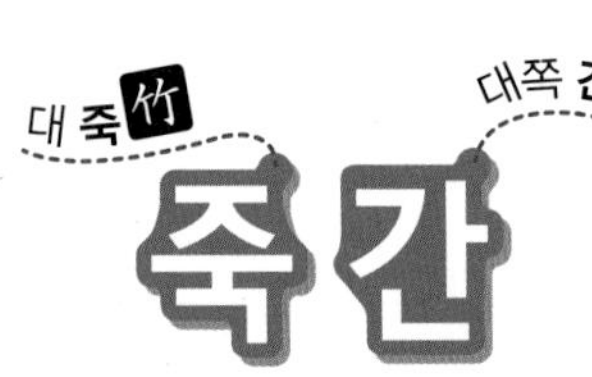
대 죽 竹
대쪽 간 簡
죽간

낱 교 대나무【竹】 조각【簡】을 엮어서 만든 책.

©vlasta2, 2007

종이가 발명되기 전 글자를 기록하던 죽간.

'한자 암기카드'를 보고 빈칸에 들어갈 말을 써 보세요.

❶ ( )【竹】가 ❷ ( )【寺】 주변에 같은 무리를 이루고 차례대로 서 있으니, 같을 등, 무리 등, 차례 등(等).

等의 뜻은 갈다, 무리, 차례이고, 음은 ❸ ( )입니다.

等의 어원을 생각하면서 필순에 따라 써 보세요.

等 等 等 等 等 等 等 等 等 等 等 等

等	等	等	等	等			

1 ❶~❸의 뜻을 찾아 길에 줄을 그으세요.

❶ 등분

❷ 월등

❸ 동등

똑같이 나눔.

수준이 같음.

무리보다 뛰어남.

2 주어진 문장 속에서 '等'의 세 가지 뜻을 찾아 ◯표 하고, 빈칸에 뜻을 각각 쓰세요.

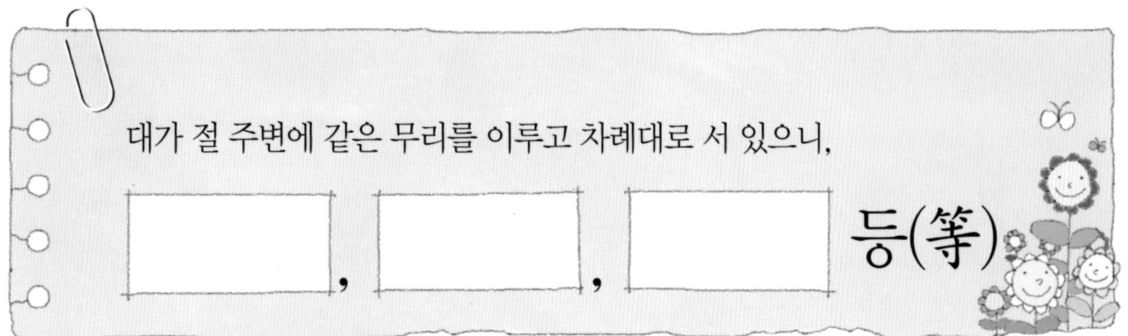

대가 절 주변에 같은 무리를 이루고 차례대로 서 있으니,
[ ], [ ], [ ] 등(等)

걸음의 종류

끙~ 약속 시간이 1시간이나 지났는데
도대체 개떡은 왜 안 오는 거야!

응? 저기 팔자걸음으로 느릿느릿
걸어오는 사람이 개떡이?!

팔자걸음

발끝을 바깥쪽으로 벌려 느리게 걷는 걸음.

八 한자인 '여덟 팔' 자를 닮았어요.

공주님이 화가 단단히 났네!!
도, 도망갈까?
슬금
슬금

어서 안 오고
가재걸음이 뭐야?!

가재걸음

가재처럼 슬금슬금 뒷걸음질하는 걸음.

네네~ 이렇게 까치걸음으로
뛰어가고 있사와요!

까치걸음

까치처럼 두 발을 모아서 뛰는 걸음.

갈지자걸음

몸이 좌우로 쓰러질 듯 비틀대며 걷는 걸음.

之 한자인 '갈 지' 자를 닮았어요.

게걸음

게처럼 옆으로 걷는 걸음.

오리걸음

오리가 걷는 것처럼 뒤뚱거리며 걷는 걸음.

◑ 글 속의 주황색 낱말들은 무슨 뜻일까요? 잘 생각하면서 다음 글을 읽어 보세

'곡예사'라는 뜻의 영어 단어 '애크러뱃(acrobat)'은 그리스 어의 아크로스(acros : 높이)와 바이노(baino : 가다)에서 유래한 낱말입니다. 말하자면 '높은 곳에서 걷는 사람', 즉 '줄 타는 사람'이지요. 줄타기는 이처럼 오랜 옛날부터 사람들이 즐겨 왔던 곡예랍니다. 외줄 타기의 원리는 줄 위에 선 곡예사의 발을 무게 중심과 수직 방향에 놓아 수평을 잡는 것입니다. 하지만 무게 중심을 찾는 것은 아주 어려워요. 곡예사들은 긴 장대를 이용하여 무게 중심을 찾고, 평형을 유지합니다. 곡예사의 발에 무거운 물체를 매달기도 하는데, 이렇게 하면 무게 중심이 아래로 내려가 균형을 잡기가 더 쉽다고 해요. 하루 일과를 줄타기로 시작하는 친구들도 있어요. 인도 어떤 마을에서는 학교에 가려면 강에 다리가 없어서 줄타기로 건너야 한답니다.

인도 보팔 시의 시골 마을 어린이들이 등교하는 모습.

이전에는 외나무다리가 놓여 있었다는데, 평행하게 두 줄을 걸쳐 놓은 뒤부터 학교 가기가 훨씬 쉬워졌다고 해요. 위의 줄을 잡고 아래 줄을 디디면 균형을 잡기가 훨씬 쉽기 때문입니다.

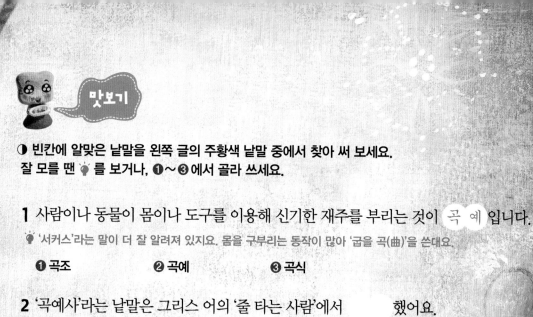

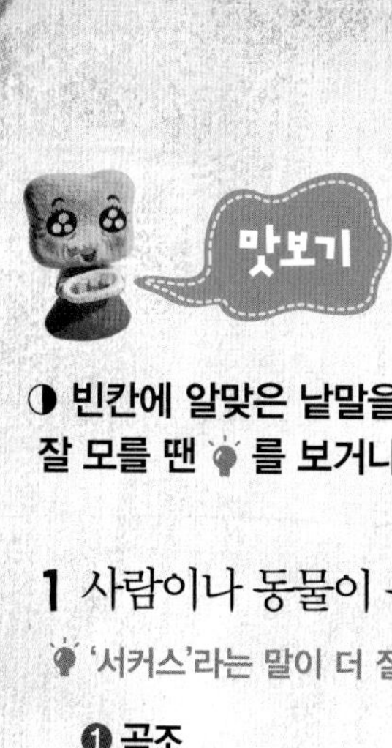

◑ **빈칸에 알맞은 낱말을 왼쪽 글의 주황색 낱말 중에서 찾아 써 보세요.**
잘 모를 땐 💡를 보거나, ❶~❸에서 골라 쓰세요.

1 사람이나 동물이 몸이나 도구를 이용해 신기한 재주를 부리는 것이 곡 예 입니다.

💡 '서커스'라는 말이 더 잘 알려져 있지요. 몸을 구부리는 동작이 많아 '굽을 곡(曲)'을 쓴대요.

❶ 곡조 ❷ 곡예 ❸ 곡식

2 '곡예사'라는 낱말은 그리스 어의 '줄 타는 사람'에서 ____ 했어요.

💡 처음 생겨나 전해 내려왔다는 뜻이에요.

❶ 유전 ❷ 유래 ❸ 유괴

3 바닷가에 가면 하늘과 맞닿아 평평하게 뻗어 있는 ____ 선을 볼 수 있어요.

💡 잔잔한 바다가 하늘과 맞닿은 선이에요. 땅과 하늘이 맞닿은 선은 지평선이지요.

❶ 수평 ❷ 수직 ❸ 수고

4 두 개의 선이 만나지 않고 나란히 나아가는 모습이 ____ 이에요.

💡 나란히 나아간다고 해서 붙인 이름입니다.

❶ 평행 ❷ 평균 ❸ 평범

5 실에 무거운 추를 매달면 아래를 향해 똑바로 드리워지죠? 이것이 ____ 이에요.

💡 지표면과 직각을 이루며 위아래로 솟은 모습을 말해요.

❶ 수면 ❷ 수직 ❸ 수축

6 멋진 몸매를 ____ 하려면 운동도 열심히 하고, 식사도 조절해야 해요.

💡 어떤 상태를 계속 이어 간다는 뜻이에요.

❶ 유전 ❷ 유도 ❸ 유지

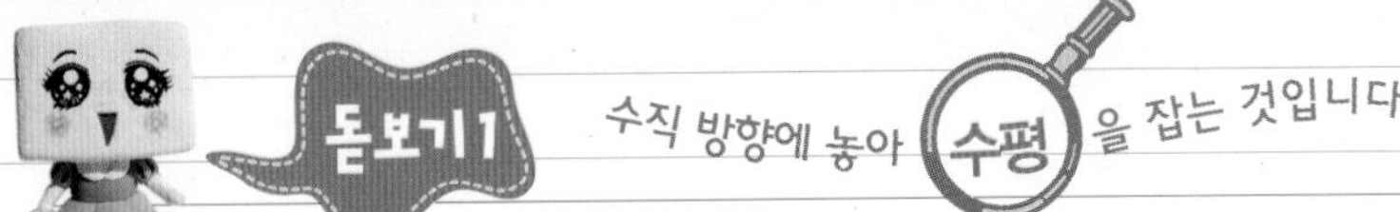

잔잔한 바다는 하늘과 일직선을 이루고 있지.
이 일직선을 '수평선'이라고 한단다.
'수평'의 '수'는 물을 뜻해.
수평이란 잔잔한 물처럼 평평한, 기울지 않은 모양이란다.
수평을 잡으면 기울거나 쓰러지지 않아.

잔잔한 바다에서 볼 수 있는 수평선.

낱 잔잔한 물【水】처럼 평평함【平】.
교 잔잔한 물처럼 평평한 상태.
예 두 팔을 다리와 수평이 되게 뻗어 보세요.

폭이 10cm밖에 안 되는 평균대 위에서 똑바로 걷고, 뛰고,
날아올라 온갖 재주를 부릴 수 있는 것도 '평형'을 잘 잡은 덕분이지.

낱 저울대【衡】가 평평함【平】.
교 사물이 한쪽으로 기울지 않고 안정된 상태.
예 곡예사가 평형을 잃고 줄 위에서 떨어졌다.

'형'은 저울대를 뜻하는데, 흔히 쓰이는 '균형'이란 말도 여기서 나왔어.
'균형 잡힌 체격'이란, 몸이 고르게 잘 발달한 모습을 가리켜.

낱 저울대【衡】가 고름【均】.
교 어느 한쪽으로 치우치거나 기울지 않은 상태.
예 곡예사가 줄 위에서 균형을 잘 잡고 서 있었다.

빈칸에 알맞은 낱말을 〈보기〉에서 골라 써 보세요.

〈보기〉 수평, 균형, 평형

- 물의 겉면이 평평한 것이나, 저울의 양팔이 평평한 것을 ❶ (　　) 이라고 한다.
- 외줄 타기를 하는 사람은 ❷ (　　) 감각이 뛰어나다.
- 살을 빼려면 식사와 운동의 ❸ (　　) 을 맞추는 것이 중요해.

법원에 가면 '정의의 여신상'을 흔히 볼 수 있어.
한쪽으로 치우치지 않고 공평하게 선악을 판단한다는 뜻에서 저울을 들고 있지.
이 저울을 '천평칭', 줄여서 '천칭'이라고 한단다.

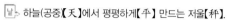

천칭.

제3일차

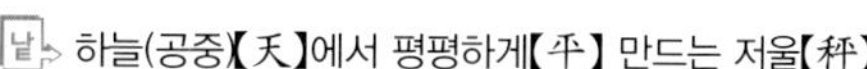

낱 하늘(공중)【天】에서 평평하게【平】 만드는 저울【秤】.
교 무게 중심의 위쪽을 붙잡아 수평을 재던 저울.
예 정의의 여신이 들고 있는 저울은 천평칭이다.

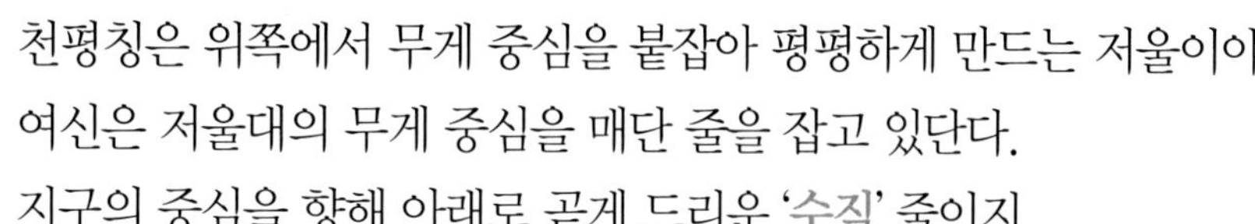

천평칭은 위쪽에서 무게 중심을 붙잡아 평평하게 만드는 저울이야.
여신은 저울대의 무게 중심을 매단 줄을 잡고 있단다.
지구의 중심을 향해 아래로 곧게 드리운 '수직' 줄이지.

수직으로 높이 솟은 고층 건물.

지구가 물체를 잡아당기는 힘을 중력이라고 해.
지구 상의 모든 물체는 중력 때문에 땅을 향해 똑바로 떨어지지.
이 중력 방향을 수직 방향이라고 한단다.

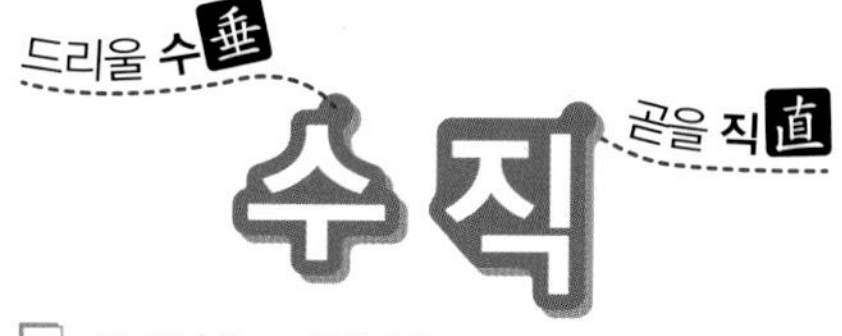

낱 곧게【直】 드리움【垂】.
교 지구 중력의 방향. 두 직선이 직각을 이룬 상태.
예 수직으로 높이 솟은 절벽.

대법원의 〈정의의 여신상〉.

낱 교 수직【垂】으로 만나는 선【線】.
예 직선 AB에 대하여 수선을 그어 보세요.

두 직선이 서로 직각을 이루며
만나는 경우, 한 직선을
다른 직선의 '수선'이라고 해.
'수직으로 만나는 선'이라고 해서 '수선'이란다.

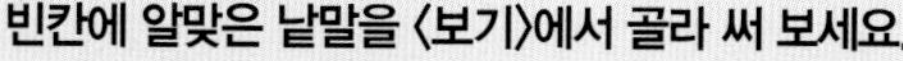

빈칸에 알맞은 낱말을 〈보기〉에서 골라 써 보세요.

〈보기〉 수직, 수선

• 직선 A와 직선 B는 ❶ ______ 으로 만난다.

• 직선 A는 직선 B의 ❷ ______ 이다.

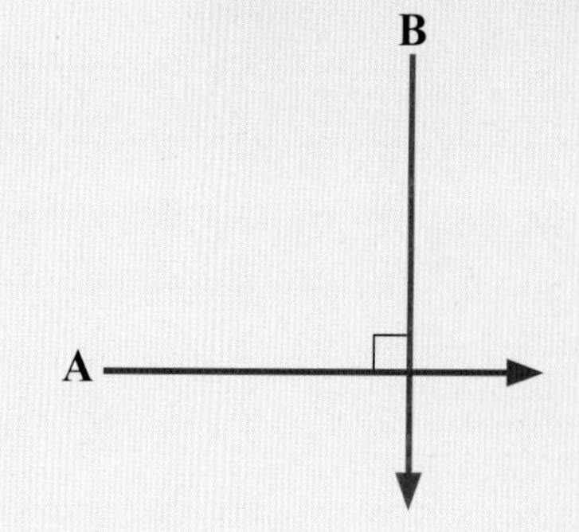

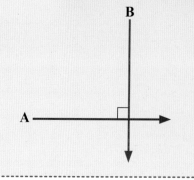

한자가
술술

한자의 뜻과 유래에 대한 설명을 읽고, 한자를 익혀 보세요.

衡

준3급

저울대 형

총 16획 | 부수 行, 10획

저울은 아주 오랜 옛날부터 썼던 물건이란다.
이집트의 무덤 속 벽화를 보면 이미 오늘날과
비슷한 모양의 저울을 쓰고 있음을 알 수 있지.
우선 한쪽에 무게를 잴 물건을 올려놓으면,
접시가 아래로 내려가면서 저울이 흔들릴 거야.
그러면 다른 쪽에 돌추를 올려놓아 무게를 잰단다.
그런데 옛사람들은 저울이 흔들리는 모습을
물고기【魚】가 움직이는【行】 모습과 같다고 생각했나 봐.
그물을 피해 꼬리를 흔들며 요리조리 도망치는 물고기 말이야.

양팔 저울로 무게를 재는 모습이 그려진 이집트 벽화.

한자 암기카드

❶ 물고기【奐】처럼
❷ 움직이는【行】 것이니

물고기【奐】처럼 움직이는【行】 것이니,
저울대 형.

奐 + 行 = 衡

물고기 어 / 다닐 행 / 저울대 형

❶ 奐는 '물고기 어(魚)'의 변형임.

저울질을 하면 어느 것이 무겁고 가벼운지 알 수 있지.
그래서 둘을 놓고 서로 어느 것이 더 나은지
견주어 보는 것을 '저울질하다'라고 말해.
즉, 여러 대상을 서로 비교해 본다는 뜻이야.

저쪽 백설기가 좀 더
예쁜 것 같지? 얼굴도 작고.
저울질하지
마욧!

'한자 암기카드'를 보고 빈칸에 들어갈 말을 써 보세요.

❶ ______【奐】처럼 ❷ ______【行】 것이니, 저울대 형(衡).

衡의 뜻은 저 울 대 이고, 음은 ❸ ___ 입니다.

衡의 어원을 생각하면서 필순에 따라 써 보세요.

衡 衡 衡 衡 衡 衡 衡 衡 衡 衡 衡 衡 衡 衡 衡 衡

衡 衡 衡 衡 衡

1 열기구에서 ❶~❸으로 이어진 길을 따라가면 두 글자로 된 낱말이 완성됩니다. 그 낱말을 알맞은 뜻과 이으세요.

수

❶ 직 ❷ 선 ❸ 평

잔잔한 물처럼 평평함.

지구 중력 방향으로 곧게 드리움.

한 직선과 수직으로 만나는 선.

완성된 세 낱말은 수직, 수선, 수평입니다.

2 <보기>의 한자를 완성하려면 어떤 글자 조각이 필요한지 ❶~❹에서 고르세요.

<보기> 물고기처럼 움직이는 것이니, 저울대 형.

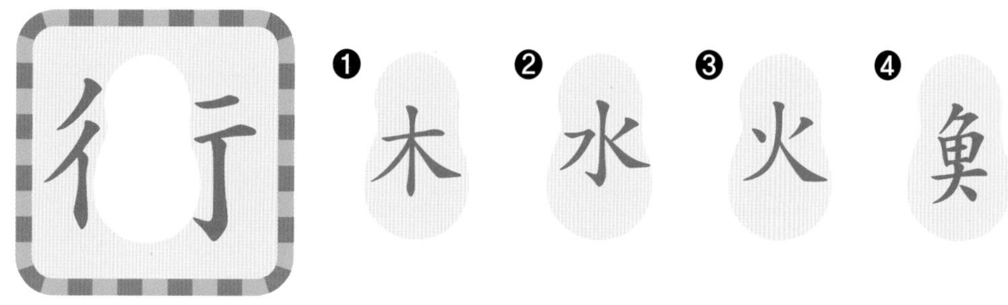

돋보기2 **평행**하게 두 줄을 걸쳐 놓은 뒤부터 학교 가기가 훨씬 쉬워졌다고 해요.

'평형'과 '평행'을 혼동하는 어린이들이 종종 있어.
'평형'은 양쪽의 무게가 같아서 저울대가 평평해지는 것이라고 했지?
'평행'은 오른쪽 그림을 보면 쉽게 알 수 있을 거야.
철도의 선로가 합쳐지면 기차가 달릴 수 없게 되겠지?
그러니 철도의 선로는 아무리 뻗어 나가도 만나지 않아야 해.
이처럼 나란히 나아가 서로 만나지 않는 것을 평행이라고 한단다.

낱 평평히【平】 나아감【行】.
교 두 직선이 나란히 뻗어 서로 만나지 않음.
예 두 직선이 아무리 뻗어도 만나지 않는 것을 평행하다고 한다.

철도의 선로처럼 서로 만나지 않는 두 선을 '평행선'이라고 해.
'양쪽의 주장이 평행선을 달린다'는 말은,
서로 의견이 달라 합쳐질 기미가 안 보일 때 쓴단다.

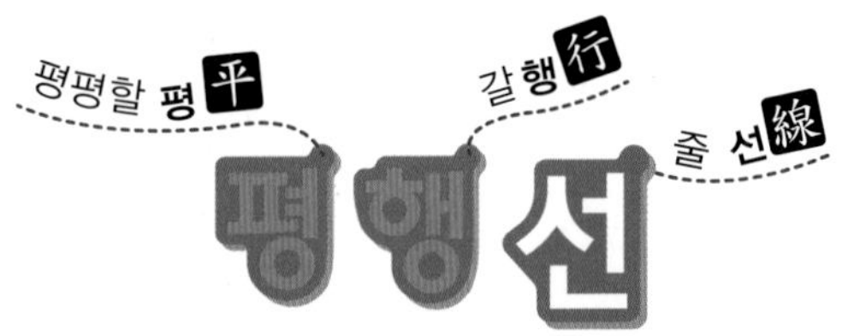

낱 교 평평히【平】 나아간【行】 선(線).
예 양쪽의 주장이 평행선을 달리고 있다.

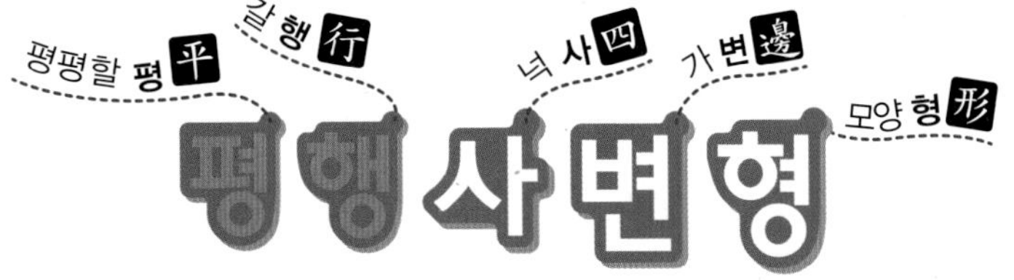

낱 교 서로 마주 보는 두 쌍의 변(邊)이 각각 평행(平行)인 사각형.
예 직사각형은 평행사변형이다.

우리가 '사각형'이라고 부르는 도형은
변이 네 개인 사변형이지.
네 변 중 마주 보는 두 쌍의 변이
각각 평행인 사각형을 '평행사변형'이라고 해.

쏙쏙 문제

빈칸에 알맞은 낱말을 〈보기〉에서 골라 써 보세요.

〈보기〉 평행, 평행선, 평행사변형

- ❶ ( ) 한 두 직선은 아무리 길게 뻗어도 만나지 않는다.
- 나란히 있어 서로 만나지 않는 두 직선을 ❷ ( ) 이라고 한다.
- 마주 보는 두 쌍의 변이 각각 평행인 사각형을 ❸ ( ) 이라고 한다.

잔잔한 물의 모습을 본뜬 평(平)은 이처럼 안정되고 균형을 이룬 모습을 나타낸단다.
다음 글을 읽고 평(平)이 쓰인 낱말의 뜻을 생각해 보자.

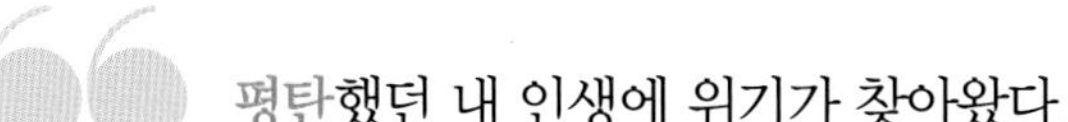

평탄했던 내 인생에 위기가 찾아왔다.
평행봉에 올라가다 미끄러져 떨어지는 바람에
그만 최악의 점수를 받고 만 것이다.
그동안 학교를 대표하는 선수로서 탄탄대로를 달려왔던 나에게
어떻게 이런 일이? 이 사실이 알려지면 우리 떡꼬치 체조단에
평지풍파가 일어날 게 분명하다.

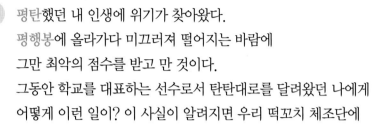

낱 교 모난 데 없이 평평함【平坦】.

'평'과 '탄'은 모두 평평하다는 뜻이야. 그래서 '평탄'은
모난 데 없이 평평하고 순조롭다는 뜻을 가져.
'탄탄대로' 또한 평평하여 쉽게 걸을 수 있는 길이지!

예 길이 평탄하여 오래 걸어도 힘들지 않았다.

낱 교 평행(平行)한 봉(棒) 위에서 연기하는 체조 종목의 하나.

균형 감각을 길러 주는 운동 기구가 '평행봉'이란다.
평행하게 세워 놓은 두 봉 위에서
물구나무서기, 돌기 등 온갖 동작을 해 보이지.

예 ○○○ 선수가 올림픽 평행봉 종목에서 금메달을 땄다.

낱 교 평지(平地)에 일어난 큰 바람【風】과 파도【波】.

몇 년 전 지진 해일로 큰 피해를 입은 나라가 있었지?
갑자기 큰 바람과 파도가 일어나 해안을 휩쓸었지.
이처럼 갑작스러운 봉변을 '평지풍파'라고 한단다.

예 갑자기 집이 무너지다니, 이게 웬 평지풍파냐!

빈칸에 알맞은 낱말을 〈보기〉에서 골라 써 보세요.

〈보기〉 평행봉, 평탄, 평지풍파

- 지진 해일로 온 마을은 폐허가 되고, 사람들은 갑작스러운 ❶ ______ 에 넋을 잃었다.
- ❷ ______ 은 균형 감각을 키워 주는 좋은 운동이다.
- 부모님 덕분에 우리는 지금까지 ❸ ______ 한 삶을 살아왔다.

한자가
술술

한자의 뜻과 유래에 대한 설명을 읽고, 한자를 익혀 보세요.

平 7급

평평할 평

총 5획 | 부수 干, 2획

수평을 이룬 저울의 모양을 본뜬 글자야.
가운데 매달린 줄이 양편의 무게 중심을 잘 잡아
평평해진 저울대 모양을 나타낸단다.
이 글자 속에는 '방패 간(干)'과 나눈다는 뜻의 '팔(八)'이 들어 있지.
'干'은 보통 '방패'란 뜻으로 쓰이지만, '등뼈'란 뜻도 있어.
물지게를 진 사람의 뒷모습을 보면 왜 그런 뜻인지 짐작이 가지?
수평을 못 잡으면 물통이 흔들려 물이 쏟아지고 말 거야.

수평을 못 잡으니
자꾸 기울어지네.

한자 암기카드

❶ 등뼈【干】
❷ 양쪽으로 나뉜【八】 무게가 똑같으니
平

등뼈【干】 양쪽으로 나뉜【八】 무게가 똑같으니, **평평할 평.**

干 (등뼈 간) + 八 (나눌 팔) = 平 (평평할 평)

❷ '여덟 팔(八)'은 여기에서 '나눌 팔'로 쓰임.

評 4급

평할 평

총 12획 | 부수 言, 5획

말【言】로 공평【平】하게 평하니, 평할 평(評).
어떤 대상을 평가할 때는 한쪽으로 치우치지 말고 공평【平】하게 말【言】해야 해.
그래야 대상을 바르게 평가할 수 있단다.
품평(品評)은 어떤 물건【品】을 평가【評】하는 거야. 그래서 책【書】를 붙인
서평(書評)은 책【書】의 내용이나 품질을 평가【評】한다는 뜻이 되지.

'한자 암기카드'를 보고 빈칸에 들어갈 말을 써 보세요.

❶ ( )【干】 양쪽으로 ❷ ( )【八】 무게가 똑같으니, 평평할 평(平).

平의 뜻은 평평하다이고, 음은 ❸ ( ) 입니다.

平의 어원을 생각하면서 필순에 따라 써 보세요.

平 平 平 平 平

平	平	平	平	平			

1 〈보기〉의 ❶~❹에 해당하는 낱말을 따라 순서대로 길에 줄을 그으세요.

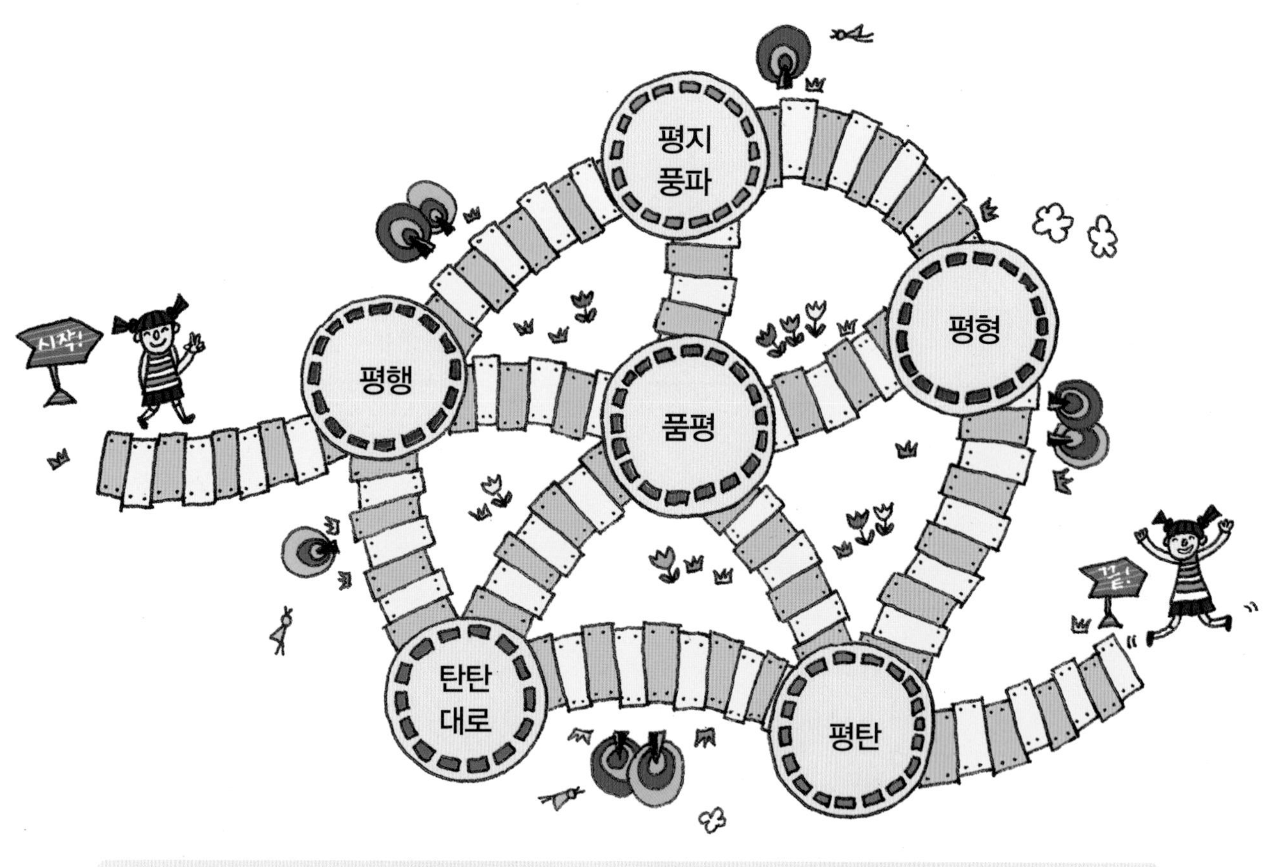

〈보기〉 ❶ 나란히 뻗어 서로 만나지 않음.
❷ 갑자기 몰아친 바람과 파도.
❸ 어떤 물건에 대해 평가함.
❹ 모난 데 없이 평평하고 순조롭다.

❶은 길이 시작하는 지점에, ❹는 길이 끝나는 지점에 있어요.

2 양쪽 한자에 공통으로 들어 있는 글자를 ❶~❹에서 고르세요.

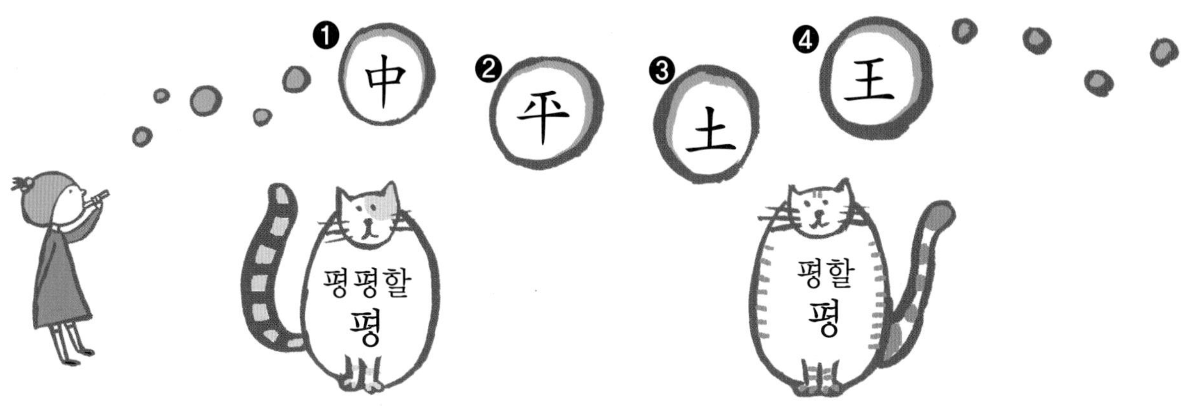

지난주 토요일이 내 생일이었다. 집에서 생일잔치를 벌리기로 했는데, 친구들이 만이 와서 피자 집에 가서 스파게티와 피자를 먹었다. 아빠가 생일 선물로 닌텐도를 사 주셨다. 그런데 영우가 해 본다며 내 닌텐도를 쌔게 당겨서 가져갔다. 새 건데 화가 났다.

'벌이기로'가 옳단다.

'많이'라고 써야 한단다.

'세게'라고 써야 해.

'물건인데'로 순화해서 써 주자.

*이 글은 초등학교 4학년 어린이가 쓴 일기입니다.

생일잔치는 '벌이고', 팔은 '벌리고'

생일잔치는 '벌리다'가 아니라 '벌이다'로 쓴단다.
팔을 벌리거나 간격을 넓게 할 때 '벌리다'를 쓰는 거야.
입을 벌리고, 밤송이도 벌려 보는 거지.
어떠한 일이 벌어졌을 때, 여러 가지 물건을 늘어놓을 때,
가게를 차릴 때는 '벌이다'를 써야 한단다.

두 팔 벌리고 하늘 높이 활짝!

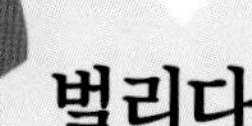

잔치 잔치 벌였네~

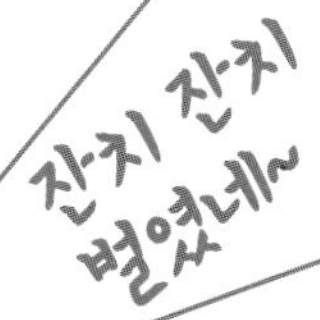

벌리다

- 둘 사이를 넓히거나 멀게 하다.
  - 예 입을 벌려서 사탕을 받아먹었다.
- 껍질을 열어서 속에 있는 것이 드러나게 하다.
  - 예 밤송이를 벌리자 큰 밤이 나왔다.

벌이다

- 일을 계획해서 시작하거나 펼치다.
  - 예 계획한 일을 벌이고 나니 마음이 후련하다.
- 여러 가지 물건을 늘어놓거나, 가게를 차리다.
  - 예 아버지께서 사업을 크게 벌이셨다.

도전! 어휘왕

1 낱말과 뜻이 바르게 설명된 칸을 모두 색칠해 보세요. 어떤 글자 모양이 나타나나요?

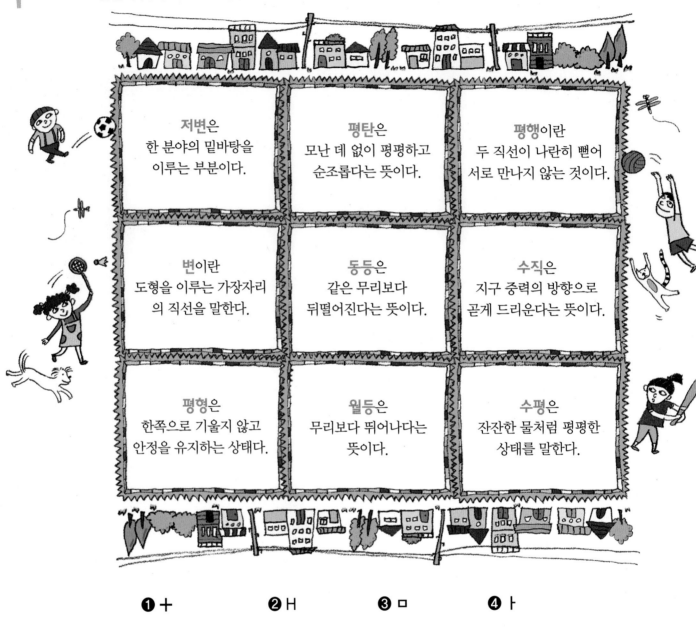

저변은 한 분야의 밑바탕을 이루는 부분이다.	평탄은 모난 데 없이 평평하고 순조롭다는 뜻이다.	평행이란 두 직선이 나란히 뻗어 서로 만나지 않는 것이다.
변이란 도형을 이루는 가장자리의 직선을 말한다.	동등은 같은 무리보다 뒤떨어진다는 뜻이다.	수직은 지구 중력의 방향으로 곧게 드리운다는 뜻이다.
평형은 한쪽으로 기울지 않고 안정을 유지하는 상태다.	월등은 무리보다 뛰어나다는 뜻이다.	수평은 잔잔한 물처럼 평평한 상태를 말한다.

❶ ┼ ❷ H ❸ ㅁ ❹ ㅏ

2 〈보기〉의 한자를 완성하려면 어떤 길로 가야 할지 알맞은 글자를 따라 선을 긋고, 완성된 한자를 빈칸에 쓰세요.

〈보기〉
구멍 쪽으로부터 걸어 나가는 곳이니, 가 변.

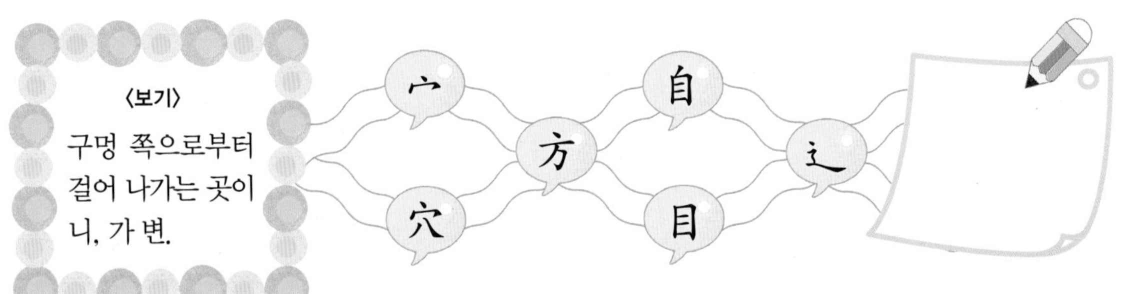

제 5 일차

3 빈칸의 글자와 '등'이 합쳐지면 두 글자의 낱말이 완성됩니다.
❶~❸의 뜻에 맞는 낱말이 되도록 빈칸에 글자를 쓰세요.

❶
❷
❸
등
❶ 같은 무리들보다 훨씬 뛰어남.
❷ 같은 무리들에 비해 뒤떨어짐.
❸ 서로 비슷한 수준에 있음.

4 ❶~❸에서 사다리를 타고 가 만나는 빈칸에 알맞은 한자를 쓰세요.

사다리 중간에 만나는 글자들을 합치면 한자가 완성됩니다.

평가 문제

1~2 다음 글을 읽고 물음에 답하세요.

두 직선이 만나서 이루어지는 각이 직각일 때
두 직선은 서로 (　　㉠　　)이라 하고,
한 직선을 다른 직선에 대한 (　　㉡　　)이라 합니다.

1. ㉠에 들어갈 알맞은 낱말을 고르세요. (　　　　)

❶ 수직　　❷ 수평　　❸ 평행　　❹ 평형　　❺ 등변

2. ㉡에 들어갈 알맞은 낱말을 쓰세요.

(　　　　　　　　　　　　　　　　　　　　)

3~4 다음 그림을 보고 물음에 답하세요.

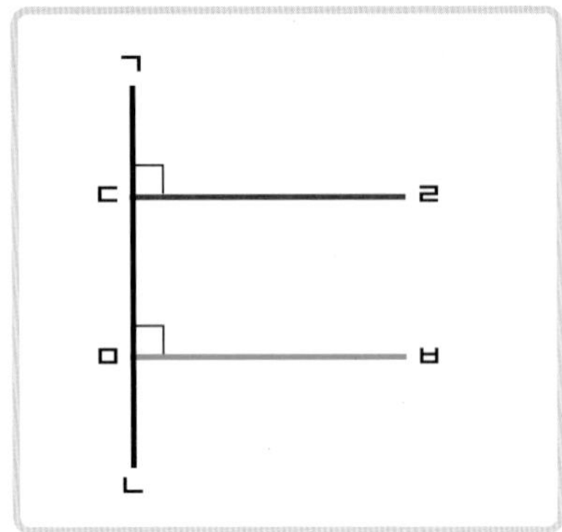

3. 평행을 이루는 두 직선을 고르세요. (　　　　)

❶ 직선 ㄱㄴ과 ㄷㄹ　　❷ 직선 ㄱㄴ과 ㅁㅂ
❸ 직선 ㄱㄷ과 ㄷㄹ　　❹ 직선 ㄱㄷ과 ㅁㅂ
❺ 직선 ㄷㄹ과 ㅁㅂ

4. 밑줄 그은 부분과 바꾸어 쓸 수 있는 낱말을 고르세요. (　　　　)

한 직선에 수직인 두 직선을 그으면 두 직선은 서로 <u>만나지 않는다.</u>

❶ 수직이다.　　❷ 평행이다.
❸ 이등분한다.　　❹ 직각을 이룬다.
❺ 한 점에서 만난다.

5~7 다음 글을 읽고 물음에 답하세요.

돌살촉은 끝이 뾰족한 이등변삼각형 모양입니다. 화살을 쏘면 뾰족한 부분이 앞으로 날아가게 되는데, 이런 모양은 공기와 부딪치는 면을 줄여 주므로 화살이 훨씬 빠르게 날아갈 수 있습니다. 또 두 ㉠변의 길이가 같으니까 ㉡균형을 이루어 똑바로 날 수 있지요.

5. 다음 중 돌살촉의 모양과 같은 것을 고르세요. (　　　　)

❶ ❷ ❸

❹ ❺

6. ㉠의 뜻풀이로 바른 것을 고르세요. (　　　　)

❶ 원의 가장자리 ❷ 평행한 두 직선
❸ 수직을 이루는 두 직선 ❹ 도형의 가장자리 직선
❺ 입체도형의 가장자리 직선

7. ㉡과 비슷한 뜻의 낱말을 고르세요. (　　　　)

❶ 평형 ❷ 평탄 ❸ 평행 ❹ 평균 ❺ 동등

8~10 빈칸에 알맞은 낱말을 〈보기〉에서 골라 쓰세요.

〈보기〉 등급, 천칭, 저변

8. 독서 인구의 (　　　　　)을 넓히려는 뜻으로 이번 행사를 마련했다.

9. 정의의 여신상은 한쪽 손에 칼을, 다른 쪽 손에 (　　　　　)을 들고 있다.

10. 이 고기는 한우 중에서도 품질이 가장 좋은 (　　　　　)의 고기입니다.

디자이너는 디자인하는 사람!

너는 꿈이 뭐니? 장래에 뭐가 되고 싶어?
선생님, 가수, 작가, 화가, 디자이너 등등
꿈이 매일매일 변하는 건 아니겠지?
아직 꿈이 없다고? 그럼 오늘 배우는 직업에서 골라 보는 건 어떨까?
디자이너는 디자인하는 사람이야. 왜 그러냐고?
디자인하다[design]에 ~하는 사람[-er]을 붙여서 만든 말이니까.
~하다에 **-er**를 붙이면 ~하는 사람이라는 뜻이 되거든.

또 한 가지 예를 들어 볼게.
최홍만, 추성훈, 표도르,…… 이 사람들이 누구인지 아니?
바로 격투기 선수들이지. 시합이 열리면 서로 싸워 승자를 가리잖아.
이들을 영어로는 파이터fighter라고 해.
싸우다fight에 ~하는 사람-er을 붙였으니까 파이터fighter, 즉 '싸우는 사람'이라는 뜻이지.

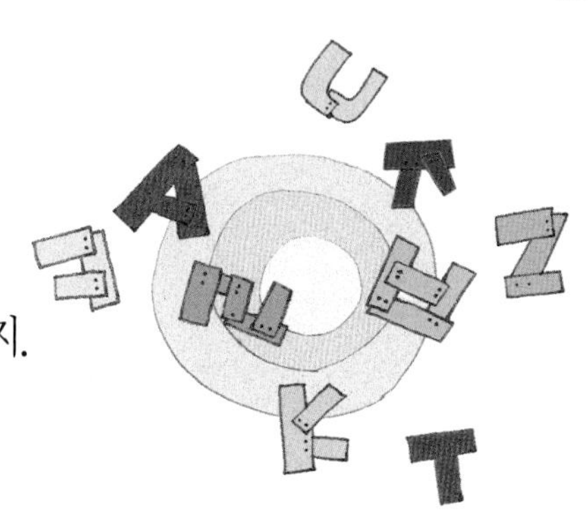

그럼 직업을 뜻하는 또 다른 말들을 알아볼까?

teacher

가르치다teach에 ~하는 사람-er을 붙이면 가르치는 사람teacher, 즉 '선생님'이 되는 거지.

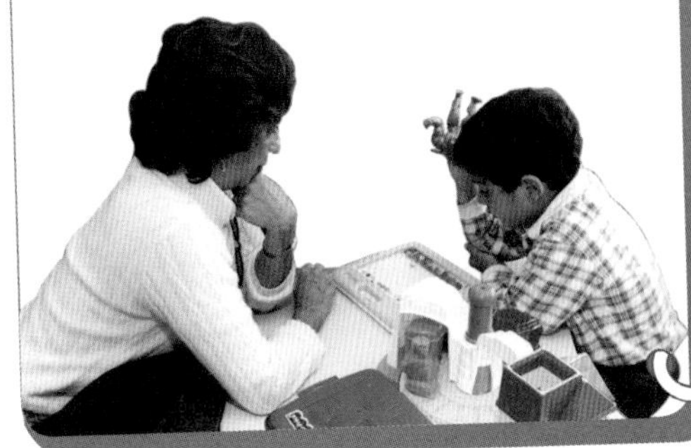

singer

노래하다sing에 **-er**를 붙이면 노래하는 사람singer, 즉 '가수'가 돼. 빅뱅, 이효리, 동방신기 등등…… 좋아하는 가수를 보며 가수의 꿈을 키우는 것도 좋겠지?

painter

그림을 그리다paint에 **-er**를 붙이면 그림 그리는 사람painter, 즉 '화가'가 되는 거지. 피카소나 고흐같이 유명한 화가가 되는 것도 정말 멋지겠다!

writer

쓰다write에 **-(e)r**를 붙이면 글을 쓰는 사람writer, 즉 '작가'가 되지. 장래 희망이 작가라면 지금부터 책을 많이 읽고 일기도 꾸준히 쓰는 게 좋을 거야.

콕콕 정답

제1일차

05쪽 1. 석기 2. 균형 3. 시행착오
4. 변 5. 월등 6. 표적
06쪽 ❶ 변 ❷ 둘레 ❸ 모서리
07쪽 ❶ 해변 ❷ 주변 ❸ 저변
08쪽 ❶ 구멍 ❷ 쪽 ❸ 으로부터
❹ 나가는 ❺ 변
09쪽

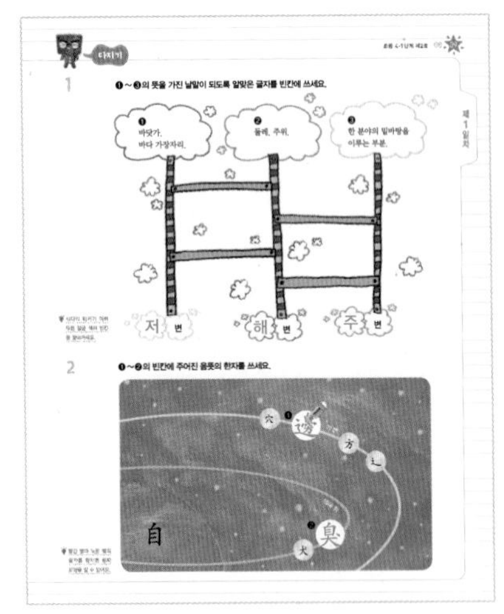

제2일차

10쪽 ❶ 등변 ❷ 이등변 ❸ 월등
11쪽 ❶ 등급 ❷ 동등 ❸ 열등
12쪽 ❶ 대 ❷ 절 ❸ 등

13쪽

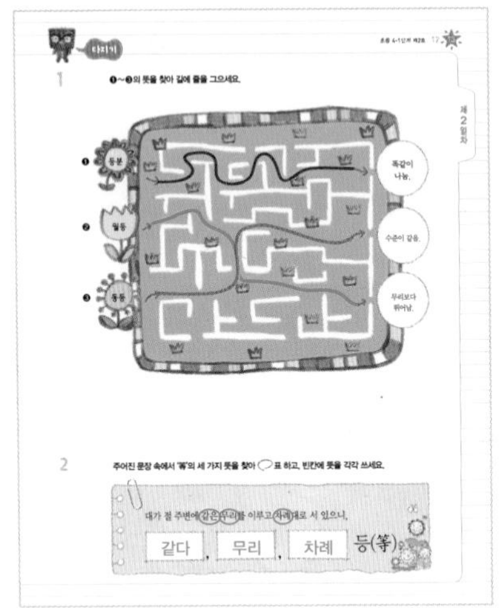

제3일차

17쪽 1. 곡예 2. 유래 3. 수평
4. 평행 5. 수직 6. 유지
18쪽 ❶ 수평 ❷ 평형 ❸ 균형
19쪽 ❶ 수직 ❷ 수선
20쪽 ❶ 물고기 ❷ 움직이는 ❸ 형

21쪽

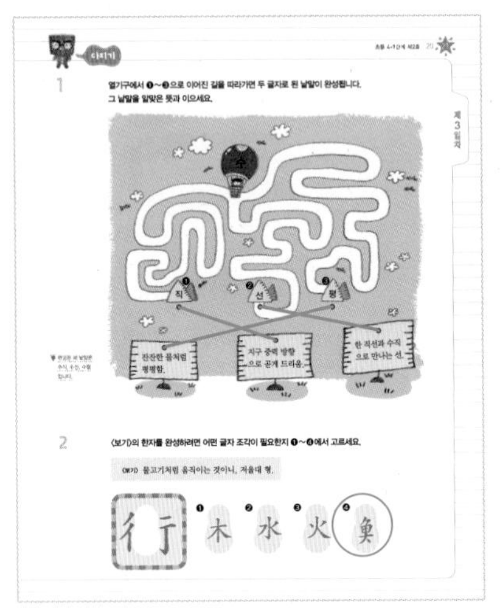

제4일차

22쪽 ❶ 평행 ❷ 평행선 ❸ 평행사변형
23쪽 ❶ 평지풍파 ❷ 평행봉 ❸ 평탄
24쪽 ❶ 등뼈 ❷ 나뉜 ❸ 평

25쪽

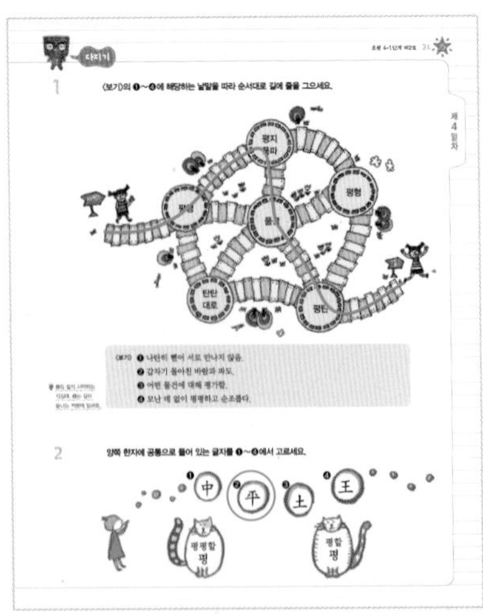

제5일차

도전! 어휘왕
28-29쪽

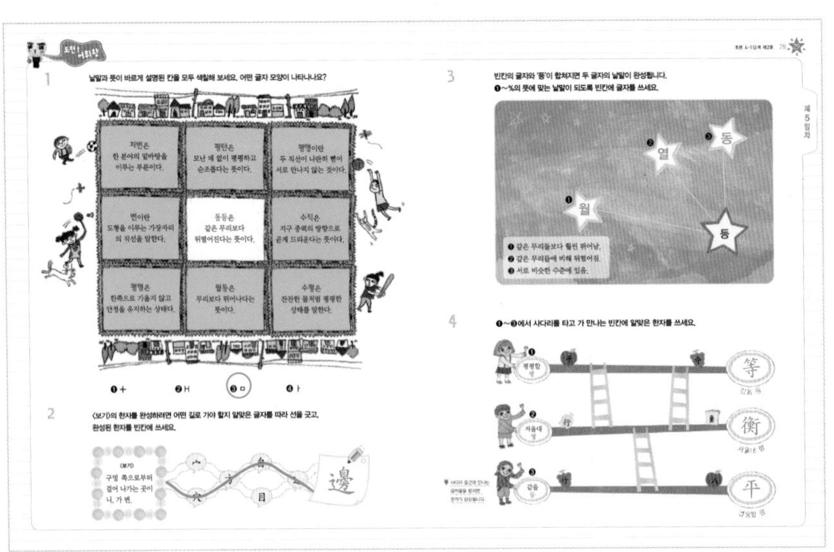

평가 문제
30-31쪽 1. ❶ 2. 수선 3. ❺ 4. ❷ 5. ❸
6. ❹ 7. ❶ 8. 저변 9. 천칭 10. 등급

상태나 상황을 나타내는 고사성어

어떤 상태나 상황을 아주 간단하게, 한마디로 나타내 주는 말들이 있어. 바로 고사성어! 어떤 상황이든 딱 네 글자로 정리할 수 있는 고사성어를 익혀 볼까?

풍전등화(風前燈火) 바람 앞의 등불이라는 뜻. 아주 위태로운 상태.
예 조국의 운명이 **풍전등화** 같구나!

금의환향(錦衣還鄕) 비단옷을 입고 고향에 돌아온다는 뜻. 출세해서 돌아오는 모습.
예 반드시 성공해서 **금의환향**할 것입니다.

순망치한(脣亡齒寒) 입술이 없으면 이가 시리다는 뜻. 서로 떨어질 수 없는 가까운 사이.
예 둘은 **순망치한**의 관계이므로, 하나가 무너지면 다른 하나도 무사할 수 없다.

감언이설(甘言利說) 달콤한 말로 이익을 꾀하는 말이라는 뜻.
예 그는 **감언이설**에 속아 장사 밑천을 사기당하고 말았다.

역지사지(易地思之) 처지를 바꾸어 생각하라는 뜻. 상대편의 입장이 되어 생각하는 모습.
예 가족 간의 다툼은 **역지사지**의 자세로 해결하여야 한다.

오비이락(烏飛梨落) 까마귀 날자 배 떨어진다는 뜻. 우연히 나쁜 일에 엮이게 되어 곤란한 상황.
예 **오비이락**이라더니, 아무 관계 없는 내가 억울하게 누명을 쓰고 말았다.

타산지석(他山之石) 다른 산에 있는 하찮은 돌도 자기의 옥을 다듬는 데에 필요하다는 뜻.
예 할아버지가 심하게 야단을 친 것도 **타산지석**으로 삼으라는 뜻에서였다.

주마간산(走馬看山) 달리는 말 위에서 산을 본다는 뜻. 자세히 보지 않고 대강대강 넘어가는 모습.
예 그렇게 **주마간산** 격으로 일을 처리하다가는 실수를 저지르기 쉽다

호시탐탐(虎視眈眈) 호랑이가 눈을 부릅뜨고 먹잇감을 노린다는 뜻. 공격할 기회를 노리는 상황.
예 주변의 큰 나라들은 늘 우리나라를 **호시탐탐** 노리고 있다.

마법의 상위권 어휘 스스로 평가표

01

다음 네 낱말 중 뜻을 자신 있게 말할 수 있는 낱말은 ○표, 알쏭달쏭한 낱말은 △표, 자신 없는 낱말은 ×표 하세요.

변 (　　) | 월등 (　　) | 수평 (　　) | 평행 (　　)

02

다음 네 한자 중 음과 뜻을 자신 있게 말할 수 있는 것은 ○표, 알쏭달쏭한 것은 △표, 자신 없는 것은 ×표 하세요.

邊 (　　) | 等 (　　) | 衡 (　　) | 平 (　　)

03

〈평가 문제〉를 모두 풀고 정답을 확인해 보세요. 10문항 중 내가 맞힌 문항 수는 몇 개인가요?

❶ 9-10 문항 (　　) | ❷ 7-8 문항 (　　) | ❸ 3-4 문항 (　　) | ❹ 1-2 문항 (　　)

| 부모님과 선생님께 |

위에서 어린이가 스스로 적은 내용을 보고, 어린이가 어려워하는 부분을 함께 보면서
어휘의 뜻과 쓰임을 이해할 수 있도록 해 주세요.

초등 4-1 단계

스토리텔링식 신교과서 학습을 위한

마법의 상위권 어휘

제 3 호

어휘가 쑥쑥 자라요.

부모님과 선생님께서는 이렇게 지도해 주세요

제 1 일차	제 2 일차	제 3 일차	제 4 일차	제 5 일차
호박속에 다녀온 이야기를 읽고, 대표 어휘 '풍화'의 뜻과 한자 '風'을 익힙니다. '풍화'에서 확장된 여러 낱말의 뜻을 스스로 추론해 보도록 지도해 주세요.	대표 어휘 '침식'의 뜻과 한자 '侵'을 익히고, 관계 있는 낱말도 함께 익힙니다. 다지기 문제를 풀어 보고, '게 눈 감추듯 하다'라는 속담도 익히도록 해 주세요.	빙산에 관한 이야기를 읽고, 대표 어휘 '운반'의 뜻과 한자 '運'을 익힙니다. '운반'에서 확장된 여러 낱말의 뜻을 스스로 추론해 보도록 지도해 주세요.	대표 어휘 '예리'의 뜻과 한자 '銳'를 익히고, 관계 있는 낱말도 함께 익힙니다. 다지기 문제를 풀어 보고, '비치다'와 비추다'를 구별하여 쓸 수 있도록 해 주세요.	재미있는 게임 문제와 학교 시험 유형의 평가 문제를 풀며 어휘 실력을 다집니다. '셔틀버스(shuttle bus)'과 구성 원리가 비슷한 영단어들도 함께 익히도록 해 주세요.

가족과 함께 얼음골과 호박소를 다녀온
친구의 이야기예요.
풍화와 침식으로 만들어진 암석들의 모습이
정말 신기하지요?

어휘랑 놀자 1
아름답고 궁금한 우리말 이야기
게 눈 감추듯 하다

제 1 일차

교과서 학습 어휘 01
맛보기
돋보기1
한자가 술술
다지기

풍화
토양 부식물 부식
일식 월식

제 2 일차

돋보기2
한자가 술술
다지기

침식
경사 대륙붕 대륙사면
해구 해산 해령

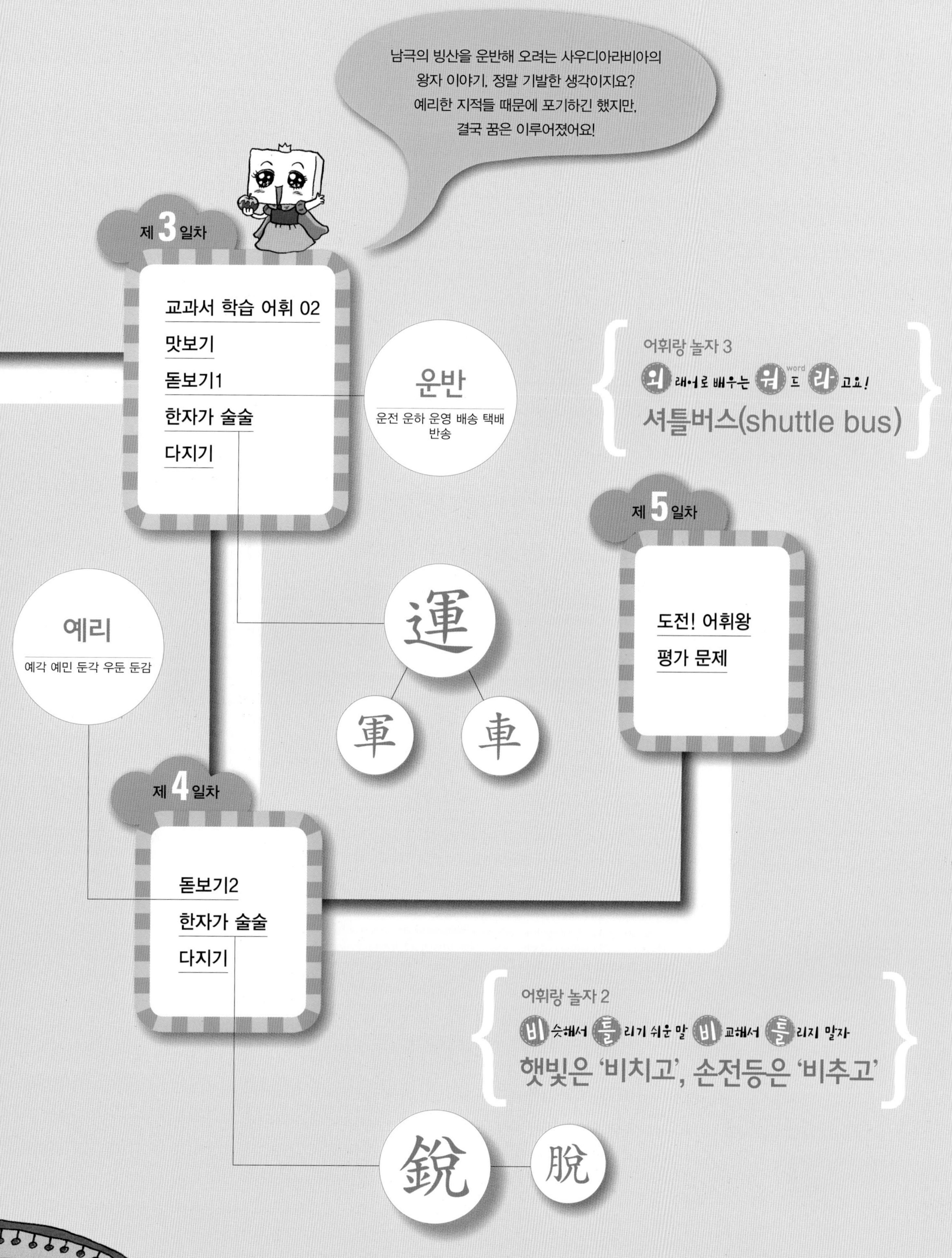
남극의 빙산을 운반해 오려는 사우디아라비아의
왕자 이야기, 정말 기발한 생각이지요?
예리한 지적들 때문에 포기하긴 했지만,
결국 꿈은 이루어졌어요!
제 3 일차
교과서 학습 어휘 02
맛보기
돋보기1
한자가 술술
다지기
운반
운전 운하 운영 배송 택배 반송
運
軍
車
어휘랑 놀자 3
외래어로 배우는 워드 라고요!
셔틀버스(shuttle bus)
제 5 일차
도전! 어휘왕
평가 문제
예리
예각 예민 둔각 우둔 둔감
제 4 일차
돋보기2
한자가 술술
다지기
어휘랑 놀자 2
비슷해서 틀리기 쉬운 말 비교해서 틀리지 말자
햇빛은 '비치고', 손전등은 '비추고'
銳
脫

돋보기 풍화 · 침식

◑ 글 속의 주황색 낱말들은 무슨 뜻일까요? 잘 생각하면서 다음 글을 읽어 보세요.

지난 주말에 가족과 함께 다녀온 곳을 소개할게요. 바로 그 이름도 시원한 얼음골!
밀양에 들어서니 곳곳에 얼음골로 가는 표지가 있어서 금방 찾을 수 있었어요.
얼음골은 돌무더기가 쌓인 '너덜'이에요. 너덜은 큰 암석이 풍화되어 생긴 돌들이 쌓인 곳이래요.
여름인데도 돌 틈에서 시원한 바람이 새어 나오고, 고드름도 볼 수 있었지요.
겨울이 되면 돌 사이로 따뜻한 바람이 나온대요. 정말 신기했어요.
얼음골에는 유명한 것이 또 있어요. '호박 모양의 물웅덩이'라는 호박소예요.
호박 모양이 왜 이렇게 생겼을까 궁금했는데, 아빠께선 이렇게 설명해 주셨어요.

"호박소의 '호박'은 먹는 호박이 아니란다.
호박은 이 지역 사람들이 돌절구의 하나인
'확'을 달리 부르는 말이지."

아하, 그렇구나! 그러고 보니 폭포수가 떨어지면서
바위를 침식해 마치 절구처럼 둥글게 속이 패었어요.
계곡의 경사가 급해서 그런지
떨어지는 물 소리가 무척 컸어요.
바위에서 미끄럼도 타고 물장난도 하고,
정말 재미있는 하루였어요.

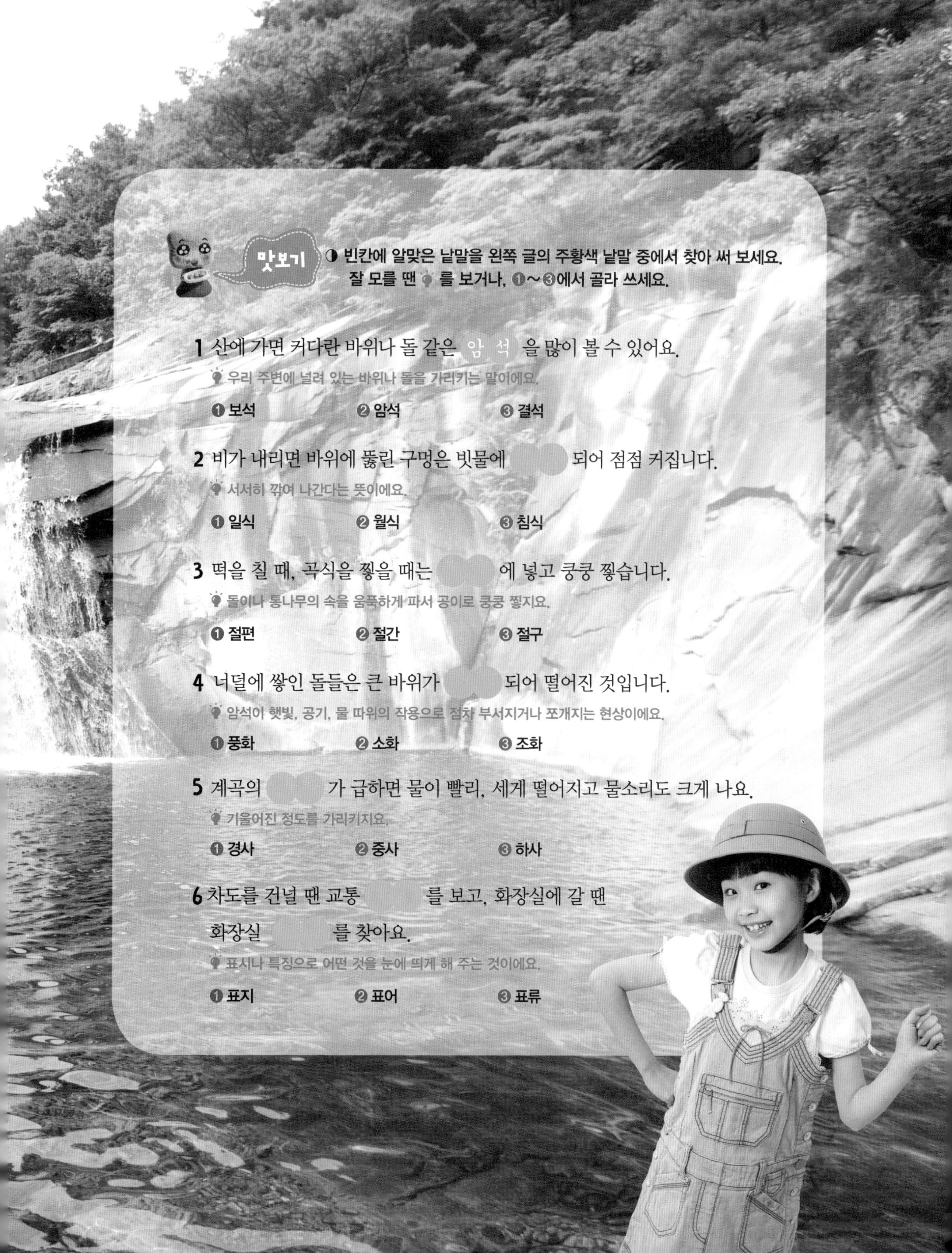

맛보기 ◑ 빈칸에 알맞은 낱말을 왼쪽 글의 주황색 낱말 중에서 찾아 써 보세요. 잘 모를 땐 💡를 보거나, ❶~❸에서 골라 쓰세요.

1 산에 가면 커다란 바위나 돌 같은 암 석 을 많이 볼 수 있어요.

💡 우리 주변에 널려 있는 바위나 돌을 가리키는 말이에요.

❶ 보석 ❷ 암석 ❸ 결석

2 비가 내리면 바위에 뚫린 구멍은 빗물에 ____ 되어 점점 커집니다.

💡 서서히 깎여 나간다는 뜻이에요.

❶ 일식 ❷ 월식 ❸ 침식

3 떡을 칠 때, 곡식을 찧을 때는 ____ 에 넣고 쿵쿵 찧습니다.

💡 돌이나 통나무의 속을 움푹하게 파서 공이로 쿵쿵 찧지요.

❶ 절편 ❷ 절간 ❸ 절구

4 너덜에 쌓인 돌들은 큰 바위가 ____ 되어 떨어진 것입니다.

💡 암석이 햇빛, 공기, 물 따위의 작용으로 점차 부서지거나 쪼개지는 현상이에요.

❶ 풍화 ❷ 소화 ❸ 조화

5 계곡의 ____ 가 급하면 물이 빨리, 세게 떨어지고 물소리도 크게 나요.

💡 기울어진 정도를 가리키지요.

❶ 경사 ❷ 중사 ❸ 하사

6 차도를 건널 땐 교통 ____ 를 보고, 화장실에 갈 땐 화장실 ____ 를 찾아요.

💡 표시나 특징으로 어떤 것을 눈에 띄게 해 주는 것이에요.

❶ 표지 ❷ 표어 ❸ 표류

돋보기1 너덜은 큰 암석이 풍화되어 생긴 돌들이 쌓인 곳이래요

바위 곳곳이 쪼개지고 구멍이 뚫려 있어.
누가 바위를 이렇게 만들었을까? 답은 바로 자연과 시간이야.
눈과 비는 바위 틈에 스며들어 물이 되고, 물은 얼면 부피가 늘어나.
계절이 바뀌면서 이렇게 얼었다 녹았다를 반복하다 보면
단단한 바위도 안에서 부피가 늘어나는 물의 힘에 의해 쪼개지고 말지.
이렇게 암석이 부서지고 쪼개져 모양과 성질이 바뀌는 것을 '풍화'라고 해.

© Stephen Codrington, 2005

풍화된 암석.

낱 자연 현상【風】에 의해 (암석이) 부서짐【化】.
교 물과 바람, 생물 등에 의해 암석이 부서져 모양과 성질이 바뀌는 현상.
예 암석이 풍화되어 모래가 되다.

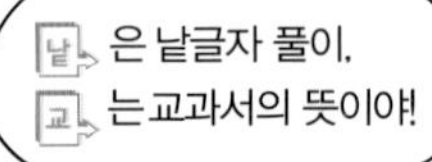

낱 은 낱글자 풀이.
교 는 교과서의 뜻이야!

'풍화'의 '풍(風)'은 바람을 포함한 자연의 힘 전체를 가리킨단다.
눈과 비, 강물, 바람, 식물 등에 의해 암석이 풍화되지.
풍화가 진행되면 암석은 잘게 부서져 마침내 흙이 되고 말아.
이 과정에서 식물의 뿌리와 나뭇잎,
죽은 곤충 등이 썩어 섞이며 흙을 기름지게 만들어 주는데,
이 흙을 '토양'이라고 한단다.

암석이 풍화되어 잘게 부서진다.
식물의 뿌리 등이 썩어 섞인다.

토양이 만들어지는 과정.

암석을 풍화시키는 식물.

낱 교 지표면을 덮고 있는 부식질의 흙.
예 좋은 농작물은 기름진 토양에서 나온다.

너도 풍화 중이냐? 쩍쩍 갈라지게….
이건 떡살이 튼 거라구요.

쏙쏙 문제

빈칸에 알맞은 낱말을 〈보기〉에서 골라 써 보세요.

〈보기〉 토양, 풍화

• 암석은 물과 공기, 생물 등의 작용으로 ❶ ____ 되어 흙이 된다.

이 과정에서 식물의 뿌리와 나뭇잎 등이 썩어 흙과 섞여 기름진 상태가 된 것이 바로 ❷ ____ 이다.

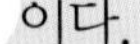

토양이 만들어지려면 식물이 꼭 필요하단다.
식물은 암석을 쪼개어 잘게 부수는 일을 하고,
땅속에서 썩어 흙을 기름지게 만들어 주니까 말이야.
식물의 잔뿌리나 나뭇잎 등이 땅속에서 썩은 것을 '부식물'이라고 해.

화단의 흙은
부식물이 많으니까
식물이 잘 자라지.

낱 썩은【腐】 식물【植】 등의 물질【物】.
교 식물의 잔뿌리나 나뭇잎, 작은 곤충들이 흙 속에서 썩은 것.
예 이 흙은 부식물이 풍부하다.

녹스는 '부식'은
'부식물'의 '부식'과
뜻이 다르단다.
©Derek Ramsey 2008

부식된 금속 표면.

금속 등이 녹스는 것도 '부식'이라고 말해.
왼쪽 사진을 보면, 표면이 마치 벌레먹은 것처럼 자잘한 구멍이 뚫려 있지?
그래서 '좀먹다'란 한자를 써. 마치 벌레먹은 것처럼 표면이 닳았다는 뜻이지.

낱 썩어【腐】 조금씩 좀먹음【蝕】.
교 금속의 표면이 녹슬어 좀먹은 것처럼 닳아지는 현상.
예 이 기계는 부식을 막기 위해 특수 처리를 하였다.

달 그림자에 해가 가려지는 것을 '일식', 지구 그림자에 달이 가려지는 것을
'월식'이라고 하는데, 여기 쓰인 '식'도 '좀먹는다'는 뜻이야.
옛사람들은 일식이나 월식을 보고 벌레가 해와 달을 갉아먹는다고 생각했나 봐.

낱 해【日】가 좀먹음【蝕】.
교 달이 해를 가리는 천체 현상.
예 일식이 일어나 하늘이 어두워지다.

달을 먹는
벌레가 혹시
이 녀석 아닐까?
오오!
저기
보여요~

낱 달【月】이 좀먹음【蝕】.
교 지구 그림자가 달을 가리는 천체 현상.
예 처음 보는 월식에 눈이 휘둥그레졌다.

빈칸에 알맞은 낱말을 〈보기〉에서 골라 써 보세요.

〈보기〉 부식물, 부식

- 땅에 거름을 주면 ❶ (   )이 풍부해져서 식물이 잘 자란다.
- 자전거가 비를 자주 맞으면 금속 부분이 ❷ (   ) 되어 금방 망가진다.

한자가
술술

한자의 뜻과 유래에 대한 설명을 읽고, 한자를 익혀 보세요.

風

6급

바람 풍

총 9획 | 부수 風

'보통 범(凡)'과 '벌레 충(虫)'이 합쳐진 글자야.
태풍이 휩쓸고 지나간 논밭은 병충해 피해를 입기 쉬워.
병을 옮기는 작은 벌레들이 바람을 타고 날아가 널리 퍼지기 때문이지.
바람 부는 날 벌레들의 움직임을 잘 살펴보렴.
몸집이 큰 벌레들은 움직일 때 스스로의 힘으로 옮겨 다니지만,
아주 작은 벌레【虫】들은 보통【凡】 바람을 타고 움직인단다.

한자 암기카드

❶ 보통【凡】
❷ 작은 벌레【虫】를 옮기는 것은 바람이니

보통【凡】 작은 벌레【虫】를 옮기는 것은 바람이니, **바람 풍.**

凡 + 虫 = 風
보통 범 / 벌레 충 / 바람 풍

바람이 불면 풀과 나무가 바람에 순응하듯,
오래전부터 지켜 내려와 사람들이 대부분 따르는
풍속이나 관습을 '풍습(風習)'이라고 해.
설날에 떡국을 끓여 먹고, 한가위에 달맞이를 하는 것
등등 모두 전통적으로 내려온 풍습이란다.

설날 아침 차례를 지내는 풍습.

풍속 풍 風
익힐 습 習
풍습

교 오래전부터 지켜 내려오는 풍속이나 관습.
예 명절이면 조상님께 차례를 지내는 풍습이 있다.

'한자 암기카드'를 보고 빈칸에 들어갈 말을 써 보세요.

❶ (　　)【凡】 작은 ❷ (　　)【虫】를 옮기는 것은 바람이니, 바람 풍(風).

風의 뜻은 (바 람) 이고, 음은 ❸ (　) 입니다.

風의 어원을 생각하면서 필순에 따라 써 보세요.

風 風 風 風 風 風 風 風 風

風	風	風	風	風			

1

돌담 안에 든 낱말 가운데 ❶~❸의 뜻에 맞는 낱말을 찾아 ◯로 묶고, 빈칸에 낱말을 쓰세요.

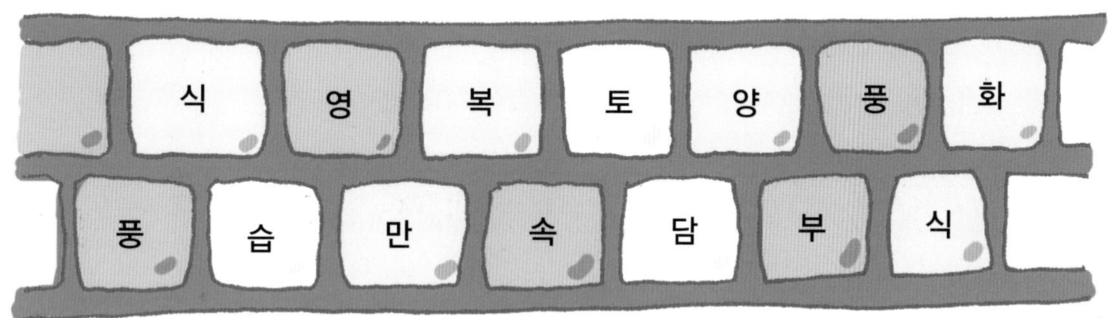

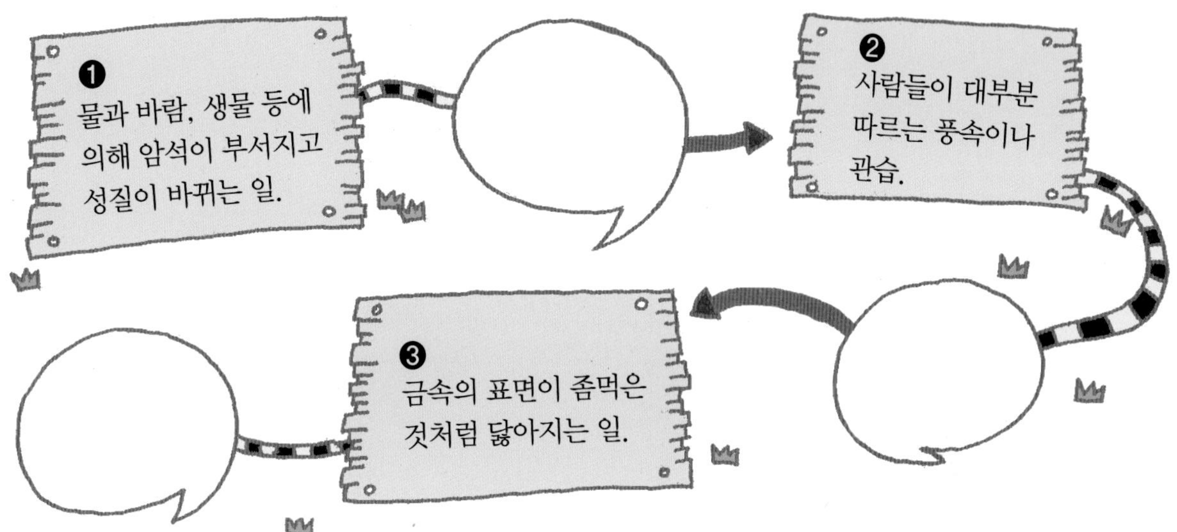

❶ 물과 바람, 생물 등에 의해 암석이 부서지고 성질이 바뀌는 일.
❷ 사람들이 대부분 따르는 풍속이나 관습.
❸ 금속의 표면이 좀먹은 것처럼 닳아지는 일.

나란히 붙어 있는 두 글자로 된 낱말이에요.

2

〈보기〉의 한자를 완성하려면 어떤 글자 조각이 필요한지 ❶~❹에서 고르세요.

〈보기〉 보통 작은 벌레를 옮기는 것은 바람이니, 바람 풍.

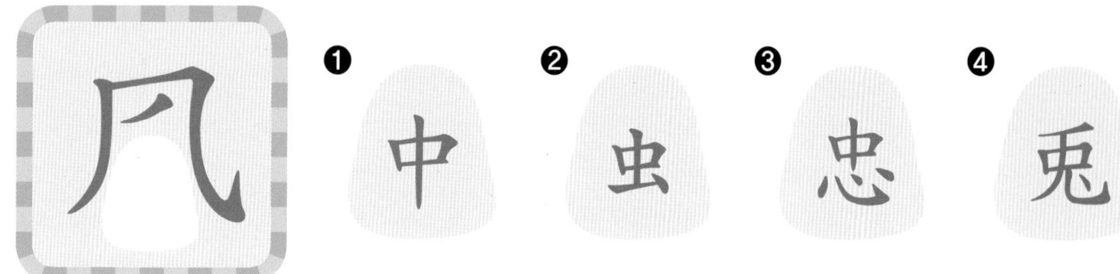

돋보기2 폭포수가 떨어지면서 바위를 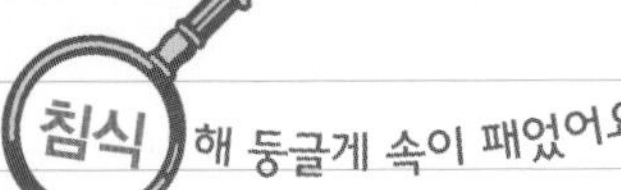

해 둥글게 속이 패었어요

파도에 깎여 나가 기묘한 모습이 된 바위들을 보렴.
물은 바위나 돌 틈을 파고들어 적시고, 조금씩 주위를 깎아 들어간단다.
아주 오랜 세월 동안, 마치 벌레가 옷을 좀먹듯이
돌과 바위를 깎아 내고 자갈이나 모래로 뒤덮인 강둑도 긁어내고 말지.
이렇게 물이 바위나 흙을 깎아 내는 것을 '침식'이라고 해.

바닷물에 침식되어 층층이 깎여 나간 바위들 모습.

낱 물이 스며들고【浸】 좀먹어【蝕】 줄어듦.
교 물이나 바람 따위에 땅이나 바위가 조금씩 깎이고 부스러지는 것.
예 흐르는 물은 침식 작용이 활발하다.

침식은 물의 힘이 빠르고 셀수록 더욱 활발히 일어난단다.
물의 힘이 가장 센 곳은 어딜까? 바로 폭포나 강의 상류야.
이런 곳에서 물살이 세기 때문에 침식이 활발하게 일어나지.
강의 상류에서 물살이 센 건 계곡의 기울기가
급하기 때문이야. 이 기울기를 '경사'라고 한단다.

물살이 센 상류.

낱 교 기울어지고【傾】 비스듬한【斜】 정도.
예 이 코스는 경사가 급하다.

평평한 땅이니까 평지!

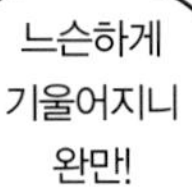

느슨하게 기울어지니 완만!

급하게 기울어지니 급경사!

기울어진 정도가 크면 경사가 '급하다'고 하고,
그 정도가 작아 평지와 비슷하면 '완만하다'고 해.

빈칸에 알맞은 낱말을 〈보기〉에서 골라 써 보세요. 〈보기〉 경사, 완만, 침식

• 강의 상류 쪽은 대부분 경사가 급하기 때문에 흐르는 물에 의한 ①(　　) 작용이 활발하다.
• 반면 하류로 갈수록 경사가 ②(　　)한 평지를 지나므로 물의 속도도 느려진다.
• 폭포나 강의 상류는 ③(　　)가 급하여 물이 빠르게 흐른다.

강물이 주변의 땅을 깎아 내듯이, 바닷물도 바다 밑의 땅을 깎아 낸단다.
그래서 바다 밑에도 육지처럼 산과 골짜기, 경사가 급한 곳과 완만한 곳이 생겨나지.

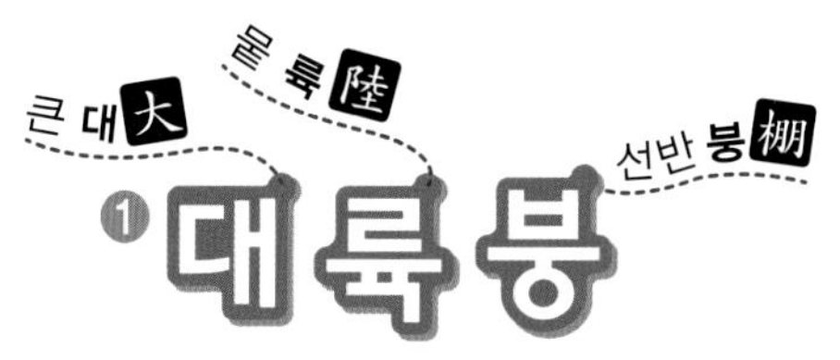

낱 교 대륙(大陸)에서 이어진, 선반【棚】처럼 평평한 땅.

육지에서 바다 밑으로 이어진, 깊이 약 200m까지의 얕고 평평한 땅이야.

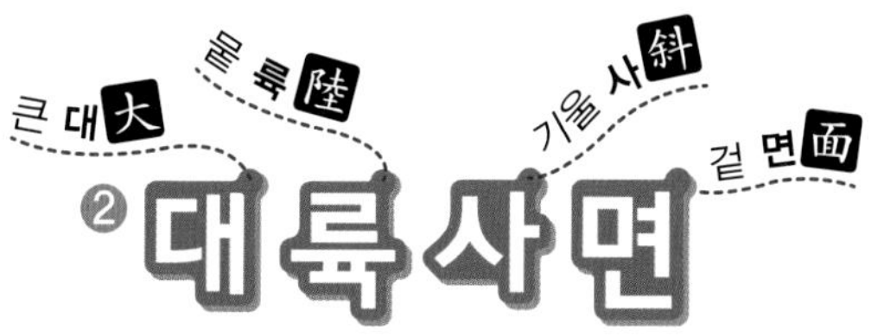

낱 교 대륙(大陸)에 접한 경사【斜】진 땅.

대륙붕에서 대양저로 이어지는 바닷속 땅인데, 경사가 급한 곳이야.

바다 해 海 / 도랑 구 溝

3 해구

낱 교 바다【海】 밑바닥에 좁고 길게 팬 도랑【溝】.

바다 밑바닥에 좁고 길게 파인 급경사면을 말해.

바다 해 海 / 뫼 산 山

4 해산

낱 교 바다【海】 밑의 산【山】.

바닷속에도 육지처럼 산이 있어. 이 것을 '해산'이라고 해.

바다 해 海 / 재 령 嶺

5 해령

낱 교 바다【海】 밑의 산맥【嶺】.

바다 밑에 산맥처럼 길고 좁게 솟아오른 땅을 말해.

빈칸에 알맞은 낱말을 <보기>에서 골라 써 보세요.

<보기> 해령, 대륙붕, 해구

- 육지에서 바다 밑으로 이어진, 깊이 약 200미터까지의 얕고 평평한 땅을 ❶ (　　　) 이라고 한다.
- 바닷속 땅 중 가장 깊이 팬 곳은 ❷ (　　) 로, 보통 그 깊이가 6000미터에 이른다.
- 깊은 바닷속에 길고 좁은 산맥 모양으로 솟아오른 것을 ❸ (　　) 이라고 한다.

한자의 뜻과 유래에 대한 설명을 읽고, 한자를 익혀 보세요.

浸

준3급

스며들 침

총 10획 | 부수 氵, 7획

"이번 비로 많은 지역에서 침수 피해가 생겼습니다."
큰비가 내리면 흔히 듣는 말이지?
이 말을 들으면 어떤 장면이 떠오르니?
바로 물에 잠긴 집과 도로, 논과 밭이 떠오를 거야.
집에 물【氵】이 넘쳐 들어오면 빗자루로 물을 쓸어 내야지.
그러다 보면 빗자루【⺕】고 손【又】이고 물이 스며들게
마련이야. '침(浸)'은 물이 스며든다는 뜻이란다.

침수된 한강변 모습.

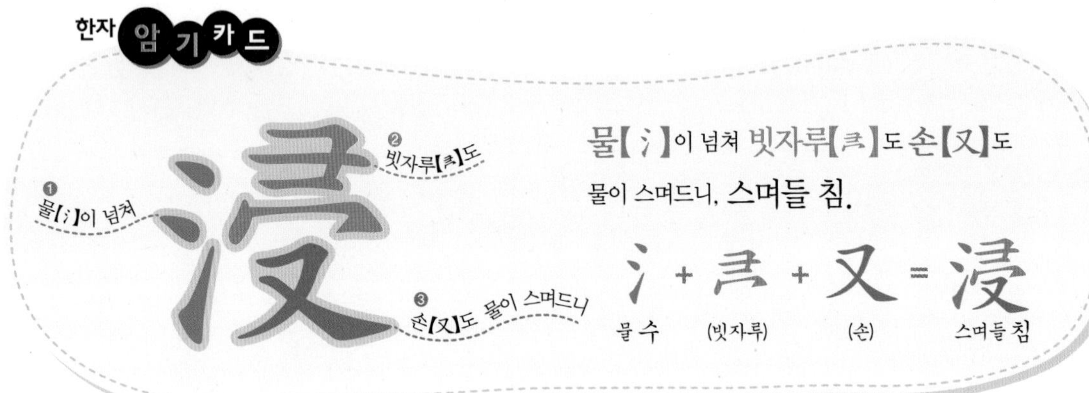

한자 암기카드
① 물【氵】이 넘쳐
② 빗자루【⺕】도
③ 손【又】도 물이 스며드니
물【氵】이 넘쳐 빗자루【⺕】도 손【又】도
물이 스며드니, 스며들 침.
氵 + ⺕ + 又 = 浸
물 수 (빗자루) (손) 스며들 침

❷ ⺕는 '비 추(帚)'에서 획을 줄인 것, ❸又는 오른손 주먹 모양을 뜻하는 '또 우(又)'에서 온 것임.

侵

준4급

침노할 침

총 9획 | 부수 人, 7획

사람【亻】을 빗자루【⺕】 든 손【又】으로 쳐내듯 침노하니, 침노할 침(侵).
전쟁이 일어나면 빗자루【⺕】를 손【又】에 들고 먼지를 털어 내듯
사람을 쓸어 내려고 하지. 이 모습이 '침노할 침(侵)'이야.
'침(侵)'은 다른 나라를 쳐들어가 공격한다는 뜻의 '침공(侵功)',
쳐들어가 재물과 목숨을 빼앗는다는 뜻의 '침략(侵掠)' 등에 쓰여.

'한자 암기카드'를 보고 빈칸에 들어갈 말을 써 보세요.

❶ ◯【氵】이 넘쳐 ❷ ◯◯◯【⺕】도 ❸ ◯【又】도 물이 스며드니, 스며들 침(浸).

浸의 뜻은 스 며 들 다 이고, 음은 ❹ ◯ 입니다.

浸의 어원을 생각하면서 필순에 따라 써 보세요.

浸 浸 浸 浸 浸 浸 浸 浸 浸 浸

浸	浸	浸	浸	浸			

다지기

제 2 일차

1 ❶~❸에서 이어진 길을 따라가면 두 글자로 된 낱말이 완성됩니다. 그 낱말을 알맞은 뜻과 이으세요.

❶ 침
❷ 경
❸ 해
령
사
식

바다 밑의 산맥.

기울어진 정도.

물이나 바람에 의해 땅과 바위가 깎이고 부스러지는 것.

완성된 세 낱말은 침식, 해령, 경사입니다.

2 〈보기〉의 한자를 완성하려면 어떤 길로 가야 할지 알맞은 글자를 따라 선을 긋고, 완성된 한자를 빈칸에 쓰세요.

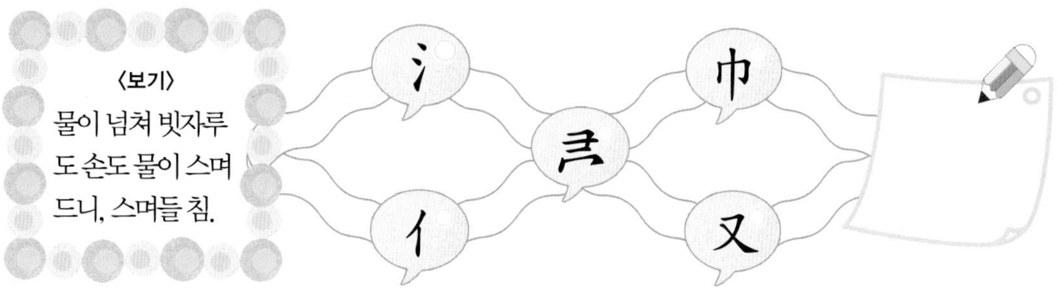
〈보기〉
물이 넘쳐 빗자루도 손도 물이 스며드니, 스며들 침.
氵
巾
⺕
亻
又

게 눈 감추듯 하다

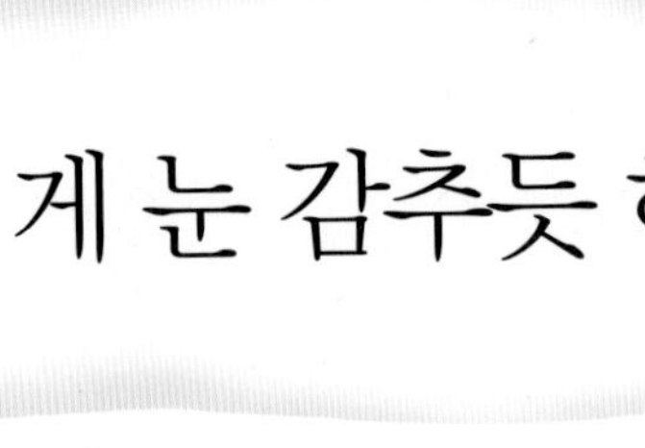

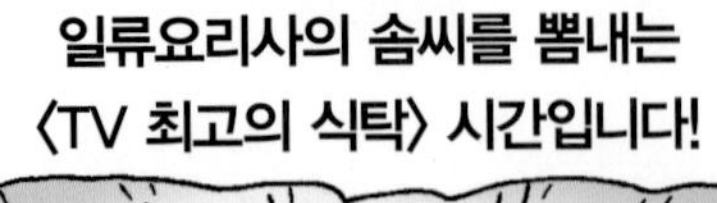
일류요리사의 솜씨를 뽐내는
〈TV 최고의 식탁〉 시간입니다!

T V
최고의 식탁

오늘 모신 요리사는 분식의
대가, 단무지 씨입니다!
와~
빠람~

오늘의 요리는 바로 이것!
최고의 김밥을 위해
엄선된 재료만을 가져왔습니다.
김 밥

이 최고의 단무지를 얻기 위해
전국의 무 밭을 수백 군데 다녔으며,

이 최고의 김을 얻기 위해
먹은 바닷물만도 수영장 크기!

이 빛깔, 이 향기!!
마치 천상에 온 듯~

또한 진주알처럼 윤기가 좌르르르
흐르는 저 최고의 밥을 보시라!
악! 눈부셔!

1mm의 오차도 없이 완벽하게 잘린 재료를
넣고 돌돌돌 말면 세계 최고의 김밥 완성!
조물
조물

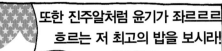

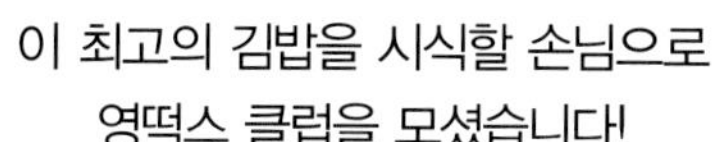
이 최고의 김밥을 시식할 손님으로
영떡스 클럽을 모셨습니다!

후후~ 일단 화려한
색감과 맛있는 냄새로
눈과 코를 즐겁게
해 주신 다음.

그러고서
탄탄한
촉감을…
엥?!
한 그릇 뚝딱~
더 없어요?
꺼억

내가 몇 달을 정성껏 준비한
김밥을 게 눈 감추듯
순식간에 먹어 치우다니!
게? 게도
요리하나?

'게 눈 감추듯 하다'라는 말은
음식을 허겁지겁 빨리 먹어
치운다는 뜻의 속담이라고.
게 눈
감추듯 하다

즉, 게가 평상시에는 두 눈을 밖으로
내어 놓고 한가롭게 돌아다니다가도, 조금만
위험하다 싶으면 잽싸게 눈을 감추고
숨어 버리는 데서 유래한 속담이지.
쏙

죄송해요.
워낙 맛있어서
게 눈 감추듯
먹을 수밖에 없었어요.

좋아,
그럼 원 없이
먹게 해 주지!
야~호!!

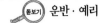

◑ 글 속의 주황색 낱말들은 무슨 뜻일까요? 잘 생각하면서 다음 글을 읽어 보세요.

사우디아라비아의 한 왕자가 다음과 같이 주장했습니다.
"빙산을 물이 부족한 우리 사우디로 옮겨 옵시다! 그러면 지구에서 가장 깨끗한 물을 우리 국민들이 마실 수 있습니다!"
도대체 빙산을 어떻게 사우디아라비아로 운반해 올 수 있을까요?
왕자의 계획은 이렇습니다. 우선 적당한 크기의 빙산을 고릅니다.
그리고 빙산이 녹지 않게 특수한 천으로 감싼 뒤 밧줄로 감아 대형 선박으로 끌고 오겠다는 것입니다.
하지만 왕자는 곧 난관에 부딪쳤습니다.
운반해 온 빙산을 어디에 보관할 것인지, 빙산을 어떻게 녹일 것인지 말입니다.
많은 사람들이 왕자가 미처 생각하지 못했던 여러 문제점을 예리하게 지적했습니다.
결국 왕자는 스스로 이 계획을 포기하고 말았습니다.
하지만 물 부족을 겪고 있던 몇몇 나라에서는 이 아이디어에 관심을 가졌습니다.
그 결과, 오스트레일리아에서는 남극의 빙산을 항구에 끌어다 놓고 호수에 물을 공급하는 데 성공하였답니다.
왕자의 꿈이 다른 사람에 의해 실현된 것입니다.

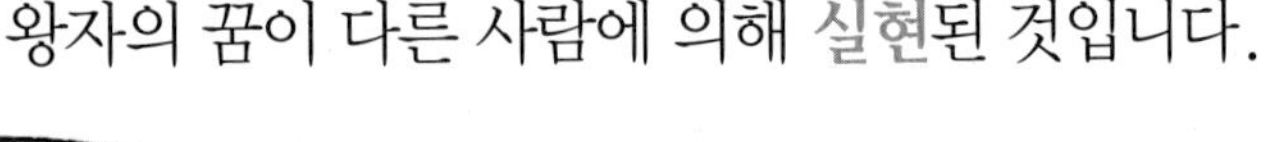

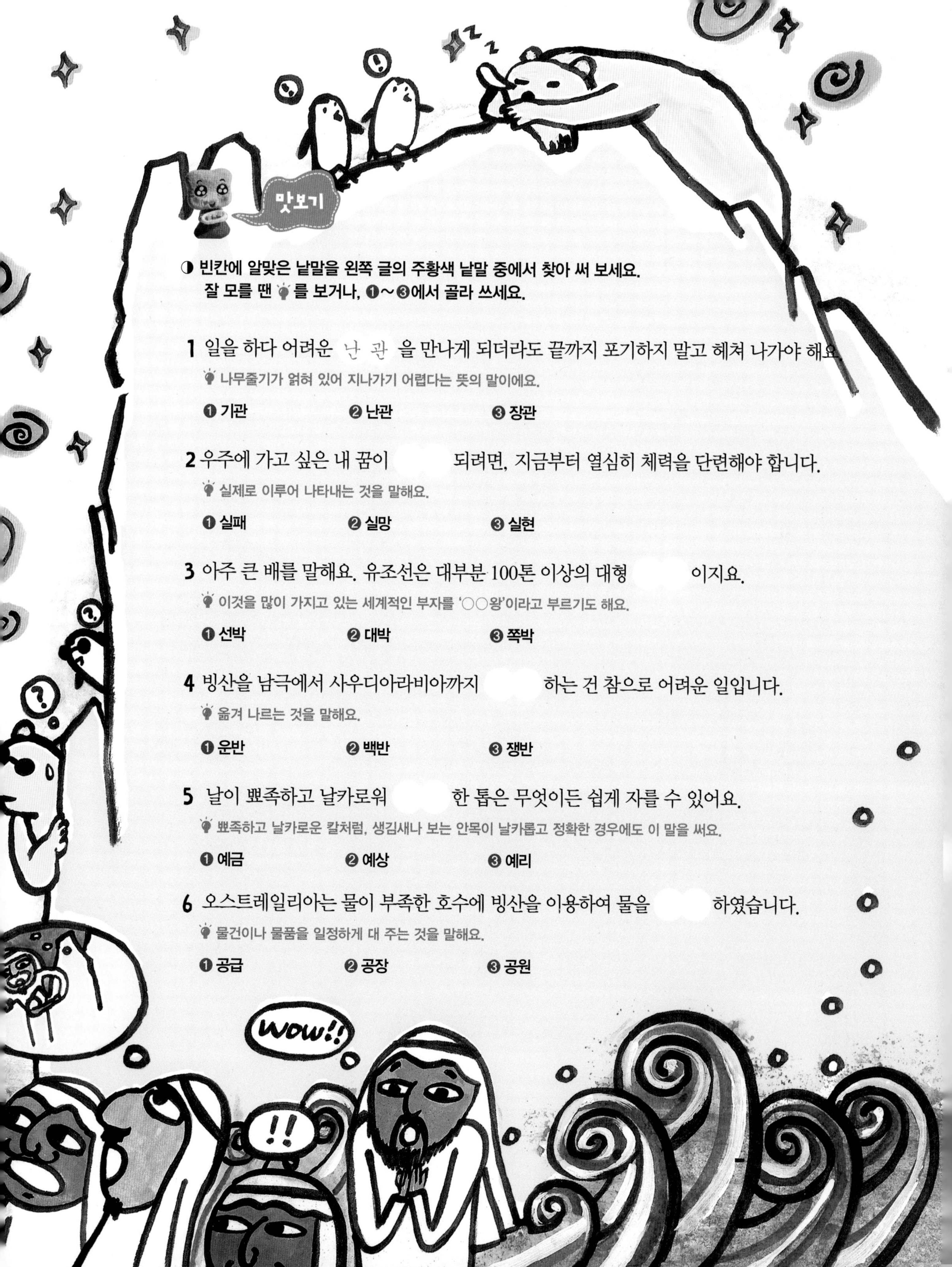

◑ **빈칸에 알맞은 낱말을 왼쪽 글의 주황색 낱말 중에서 찾아 써 보세요.**
잘 모를 땐 💡를 보거나, ❶~❸에서 골라 쓰세요.

1 일을 하다 어려운 난 관 을 만나게 되더라도 끝까지 포기하지 말고 헤쳐 나가야 해요.

💡 나무줄기가 얽혀 있어 지나가기 어렵다는 뜻의 말이에요.

❶ 기관 ❷ 난관 ❸ 장관

2 우주에 가고 싶은 내 꿈이 ______ 되려면, 지금부터 열심히 체력을 단련해야 합니다.

💡 실제로 이루어 나타내는 것을 말해요.

❶ 실패 ❷ 실망 ❸ 실현

3 아주 큰 배를 말해요. 유조선은 대부분 100톤 이상의 대형 ______ 이지요.

💡 이것을 많이 가지고 있는 세계적인 부자를 '○○왕'이라고 부르기도 해요.

❶ 선박 ❷ 대박 ❸ 쪽박

4 빙산을 남극에서 사우디아라비아까지 ______ 하는 건 참으로 어려운 일입니다.

💡 옮겨 나르는 것을 말해요.

❶ 운반 ❷ 백반 ❸ 쟁반

5 날이 뾰족하고 날카로워 ______ 한 톱은 무엇이든 쉽게 자를 수 있어요.

💡 뾰족하고 날카로운 칼처럼, 생김새나 보는 안목이 날카롭고 정확한 경우에도 이 말을 써요.

❶ 예금 ❷ 예상 ❸ 예리

6 오스트레일리아는 물이 부족한 호수에 빙산을 이용하여 물을 ______ 하였습니다.

💡 물건이나 물품을 일정하게 대 주는 것을 말해요.

❶ 공급 ❷ 공장 ❸ 공원

돋보기1 도대체 빙산을 어떻게 사우디로  해 올 수 있을까요?

'운반'은 물건을 이쪽에서 저쪽으로 옮겨 나르는 것을 말해. 강물이 모래나 자갈을 옮기는 것이나, 바람이 중국의 모래 먼지를 우리나라까지 옮겨 오는 황사까지, 이 모두가 운반이란다.

낱 옮겨【運】 나르는【搬】 일.
교 물건을 어떤 수단으로 옮겨 나르는 것.
예 무거운 돌을 운반하느라 지쳐 버렸다.

몸을 움직이는 '운동'과 마찬가지로, 차를 움직이는 '운전', 회사나 단체를 움직이는 '운영' 등의 운(運)도 옮겨 나르고 움직인다는 뜻을 갖고 있지. 그럼 '운(運)'이 쓰인 낱말을 알아보자.

낱 교 기계 장치를 움직여【運】 바퀴가 구르게【轉】 함.

차의 여러 장치를 움직여서 차바퀴가 굴러 가도록 하는 것이 운전이란다.

예 운전할 때에는 늘 주위를 잘 살펴야 한다.

옮길 운 運 물길 하 河

운하

낱 교 물건을 옮기려고【運】 파 놓은 물길【河】.

배가 움직일 수 있도록 육지에 파 놓은 물길을 말해.

예 이집트의 수에즈 운하가 유명하다.

낱 교 잘 움직이도록【運】 경영하는【營】 일.

단체나 회사, 조직이나 사업체 등이 잘 움직이도록 다스려 경영하는 일이야.

예 그 회사는 운영을 잘못하여 결국 문을 닫았다.

빈칸에 알맞은 낱말을 〈보기〉에서 골라 써 보세요.

〈보기〉 운영, 운전, 운반

• 독 사과를 잘못 먹고 죽을 뻔했던 백설 공주는 가까스로 살아난 뒤 과수원을 ❶ ( ) 하기로 결심했어요. 공주가 키운 무농약 사과는 사람들에게 큰 인기를 끌었지요. 그러자 백설 공주는 직접 사과 상자를 ❷ ( ) 하기도 하고, 배달 차량을 ❸ ( ) 하는 등 열심히 일했어요. 그 덕분에 백설 공주는 큰 부자가 되었답니다.

'운반'과 같이 물건을 나르는 일과 관계있는 낱말에는 또 뭐가 있을까?
다음 글 속에서 이런 낱말들을 있는 대로 찾아보고, 뜻을 생각해 보자.

어느 날 〈떡벌어진 홈쇼핑〉을 보고 있던 떡볶이떡은 깜짝 놀랐어요.
좋아하는 가수 가래떡이 '참기름 화장수'를 광고하고 있었거든요.
'총알 배송'이라는 문구도 나왔지요. 떡볶이떡은 화장수를 주문했어요.
그런데 다음 날, 떡볶이떡이 받은 것은 '불꽃표 고추장'이었어요.
화가 난 떡볶이떡은 택배 회사에 전화를 걸었죠.
택배 회사에서는 집배원의 실수라며 사과했어요.
그리고 고추장을 꼭 반송해 달라고 부탁했어요.

[낱] [교] 물건을 나누어【配】 보냄【送】.

'배송'은 물건을 여러 곳에 나누어 보내 주는 일이야.
만드는 일 못지않게 보내는 일도 중요해.

[예] 우리 회사는 전국 어디에나 물건 배송이 가능합니다.

[낱] 집【宅】으로 배달【配】함.

'택배'는 우편물이나 상품 따위를
집까지 직접 배달해 주는 일이야.

[예] 시골 할머니께 택배로 짐을 부쳐 드렸다.

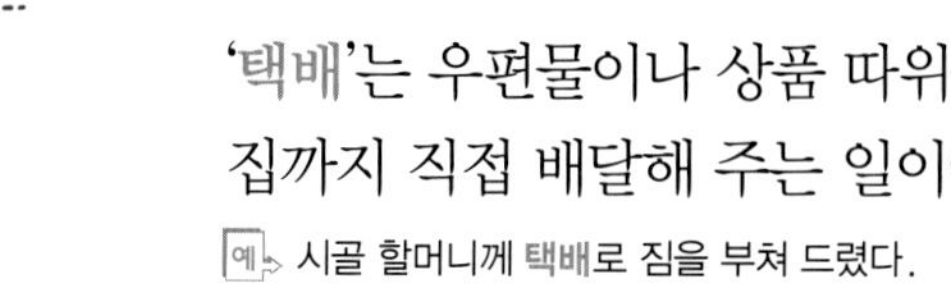

[낱] 되돌려【返】 보냄【送】.

'반송'은 잘못 배달된 물건을
되돌려 보내는 일이야.

[예] 엄마는 주문한 물건이 잘못되었다며 반송 처리하셨다.

쏙쏙 문제

빈칸에 알맞은 낱말을 〈보기〉에서 골라 써 보세요.

〈보기〉 배송, 택배, 반송

- 홈쇼핑이나 인터넷에서 물건을 주문하면 물건을 ❶ ______ 해 준다.
- 주문한 사람은 집에서 편안하게 ❷ ______ 로 물건을 받을 수 있다.
- 물건이 잘못 배달되면 ❸ ______ 한다.

한자의 뜻과 유래에 대한 설명을 읽고, 한자를 익혀 보세요.

運

6급

옮길 운

총 13획 | 부수 辶, 9획

수레를 천천히 몰고 가는 사람의 모습을 본뜬 글자야.
전쟁이 일어나면, 군사들의 양식을 실은 수레가 군대를 따라 움직였지. 곡식을 싣고 덮개를 씌운【冖】 수레【車】를 끌며 천천히 가는【辶】 모습이 바로 '옮기는' 일이었단다.

한자 암기카드

덮개【冖】 씌운 수레【車】를 천천히【辶】 옮기니, 옮길 운.

冖 + 車 + 辶 = 運

덮개 멱 / 수레 거 / 천천히 걸을 착 / 옮길 운

軍

8급

군사 군

총 9획 | 부수 車, 2획

덮개【冖】 씌운 수레【車】 옆으로 걸어가니, 군사 군(軍).
사람들에게 '군사'란, 곡식을 싣고 위【冖】를 동여맨 수레【車】든,
임금이나 귀족들이 탄 지붕【冖】 있는 수레【車】든,
수레와 함께 움직이는 사람들이었던 거야.

車

7급

수레 거, 차 차

총 7획 | 부수 車

바퀴가 있어야 수레도 차도 굴러 가니, 수레 거, 차 차(車).
옛사람들에게 수레는 멋진 자동차와 같다고나 할까?
오늘날에도 기차, 자동차, 열차 등 바퀴로 굴러 가는
대부분의 운송 수단을 '차(車)'라고 부르고 있단다.

'한자 암기카드'를 보고 빈칸에 들어갈 말을 써 보세요.

❶ (　　)【冖】 씌운 ❷ (　　)【車】를 ❸ (　　　)【辶】 옮기니, 옮길 운(運).

運의 뜻은 (옮기다) 이고, 음은 ❹ (　) 입니다.

運의 어원을 생각하면서 필순에 따라 써 보세요.

運	運	運	運	運			

1

❶~❹의 뜻을 가진 낱말이 되도록 거미 등의 빈칸에 알맞은 글자를 쓰세요.

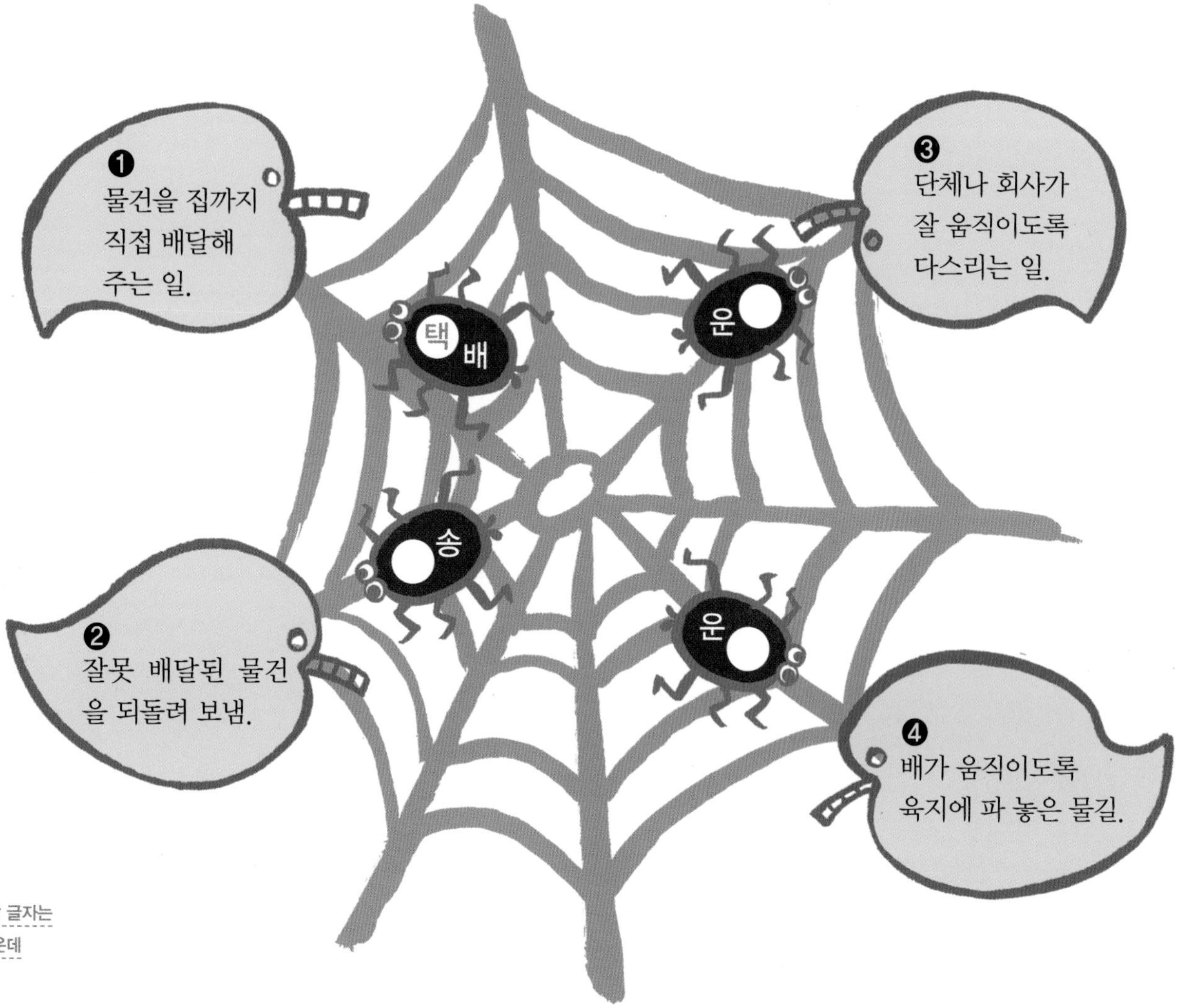

❶ 물건을 집까지 직접 배달해 주는 일.

택배

❷ 잘못 배달된 물건을 되돌려 보냄.

( )송

❸ 단체나 회사가 잘 움직이도록 다스리는 일.

운( )

❹ 배가 움직이도록 육지에 파 놓은 물길.

운( )

빈칸에 들어갈 글자는 반, 하, 영 가운데 하나입니다.

2

왼쪽에 음뜻이 주어진 한자를 오른쪽 빈칸에 쓰세요.

덮개 씌운 수레를 천천히 옮기니, 옮길 운.
옮길 운

돋보기2 미처 생각하지 못했던 여러 문제점을 예리하게 지적했습니다

가래떡 아주머니의 놀라운 칼 솜씨를 좀 봐!
끝이 무디고 뭉툭한 칼로 저런 솜씨를 발휘할 수 있겠니?
날이 아주 날카롭고 뾰족하게 잘 갈려 있어야
저렇게 떡이 썩썩 잘 썰릴 거야.
'예리'하다는 날카롭고 뾰족하게 날이 선 모습을 말해.

날 교 (칼날 따위가) 날카로움. 무언가를 관찰하는 안목이 정확하고 날카로움.

예 예리한 칼로 고기를 썰다.

'예리하다'는 말은 칼날이나 창끝이 날카롭다는 뜻으로 흔히 쓰여.
여기서 더 나아가 '예리한 눈빛', '예리한 질문'처럼, 사람의 눈빛이나 정신, 무언가를 관찰하는 안목이 정확하고 날카롭다는 뜻으로도 많이 쓰인단다.

교 90도보다 작은 각.

우리가 '직각'이라고 하는 각은 90도야. 이보다 작은 각은 날카롭고 뾰족한 느낌을 주어 '예각'이라고 해.

예 내각이 모두 예각인 삼각형은 예각삼각형이다.

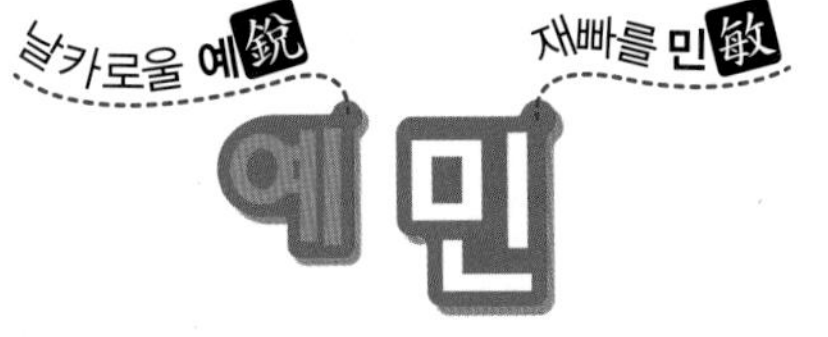

날 교 반응이 날카롭고【銳】 재빠름【敏】.

주위에 유난히 냄새를 잘 맡거나 소리를 잘 듣는 친구가 있니? 그런 사람들을 보고 신경이 '예민'하다고 말하지.

예 신경이 너무 예민하다.

쏙쏙 문제

빈칸에 알맞은 낱말을 〈보기〉에서 골라 써 보세요.

〈보기〉 예리, 예민, 예각

- 90도보다 작은 각을 ❶ (　　) 이라고 한다.
- 오빠는 신경이 너무 ❷ (　　) 해서 작은 소리에도 잠을 깬다.
- 너의 ❸ (　　) 한 지적 덕분에 실수 없이 일을 끝마칠 수 있었다.

앞에서 '예각'이 90도보다 작아 날카로운 느낌을 주는 각이라고 했지?
90도보다 큰 각은 둔한 느낌을 준다고 해서 '둔각'이라고 해.

교 90도보다 크고 180도보다 작은 각.
예 세 개의 내각 가운데 하나가 둔각인 삼각형은 둔각삼각형이다.

제 4 일차

감각이 예민한 사람도 있지만, 그 반대의 경우도 있지.
다른 사람들이 다 맡는 냄새를 혼자 못 맡거나, 다른 사람들이 다 알아듣는 소리를 혼자 못 알아듣고 '깜빡깜빡 형광등' 노릇을 하는 사람 말이야.
다음 글을 보면서 어떤 낱말이 있는지 살펴보자.

> 오늘 개떡이를 다시 보게 되었다. 평소엔 말도 없고 행동도 느려서 우둔한 줄만 알았는데, 얼음땡 놀이를 할 땐 몸이 어찌나 빠른지…….
> 게다가 내 손이 닿자 얼굴이 새빨갛게 변하는 게 아닌가!
> 내 마음도 몰라주는 둔감한 아이라고 생각했는데,
> 혹시 개떡이도 날 좋아하는 걸까?

너무 느리고 둔해서, 어리석고 답답하게 보인다는 뜻이야.
다른 사람의 말을 잘 못 알아듣고 눈치가 없으면 '우둔'한 거야.

낱 교 어리석고【愚】 무딤【鈍】.

예 그 개는 너무 우둔해서 키우기가 어려워.

감정이나 감각이 느리고 무딘 것을 '둔감'이라고 해.
그래서 둔감한 사람은 다른 사람의 마음을 헤아리는 데도 느리지.

낱 교 무디게【鈍】 느낌【感】.

예 그는 다른 사람의 감정에 너무 둔감해.

빈칸에 알맞은 낱말을 〈보기〉에서 골라 써 보세요.

〈보기〉 둔감, 우둔, 둔각

- 감각이나 감정이 느리고 무딘 사람은 ❶ (　　) 한 사람이다.
- 어리석게 보일 만큼 행동이 느리고 둔한 사람은 ❷ (　　) 하다는 소리를 듣는다.
- 삼각형에서 90도를 넘는 각은 둔한 느낌을 준다고 해서 ❸ (　　) 이라고 한다.

한자가
술술

한자의 뜻과 유래에 대한 설명을 읽고, 한자를 익혀 보세요.

銳

3급

날카로울 예

총 15획 | 부수 金, 7획

'쇠 금(金)'에 '바꿀 태(兌)'가 합쳐져 이루어진 글자야.
쇠를 날카롭게 갈아 창으로 바꾼다는 뜻이지.
무딘 돌도끼나 돌칼을 쓰던 사람이 쇠【金】가 바뀌어【兌】된 칼이나 창을 만지면 어떤 느낌을 받을까? 아마 '와, 날카롭다!' 하고 소리를 지르게 될 거야!

한자 암기카드

❶ 무딘 쇠【金】를
❷ 바꾸어【兌】 날카롭게 만드니
銳

무딘 쇠【金】를 바꾸어【兌】
날카롭게 만드니, 날카로울 예.

金 + 兌 = 銳
쇠 금 / 바꿀 태 / 날카로울 예

脫

4급

벗을 탈

총 11획 | 부수 月, 7획

벌레가 몸【月】을 바꾸려고【兌】 허물을 벗으니, 벗을 탈(脫).
보잘것없던 애벌레가 여러 번 몸【月】의 껍질을 벗으면
화려하고 아름다운 나비의 모습으로 바뀌게【兌】 된단다.
이런 모습에서 나온 글자가 벗을 탈(脫)이야.

난 지금
탈피 중!

벗을 탈 脫
탈피
가죽 피 皮

낱 교 곤충 등이 자라면서 허물【皮】을 벗고【脫】 모습을 바꿈.
예 메뚜기는 풀잎에 거꾸로 매달려 탈피를 준비한다.

'한자 암기카드'를 보고 빈칸에 들어갈 말을 써 보세요.

무딘 ❶ ( )【金】를 ❷ ( )【兌】 날카롭게 만드니, 날카로울 예(銳).

銳의 뜻은 날카롭다 이고, 음은 ❸ ( ) 입니다.

銳의 어원을 생각하면서 필순에 따라 써 보세요.

銳 銳 銳 銳 銳 銳 銳 銳 銳 銳 銳 銳 銳 銳 銳

銳	銳	銳	銳	銳			

1

❶~❸에서 사다리를 타면 같은 색의 빈칸이 나와요.
❶~❸의 뜻에 맞는 낱말이 되도록 빈칸에 알맞은 글자를 쓰세요.

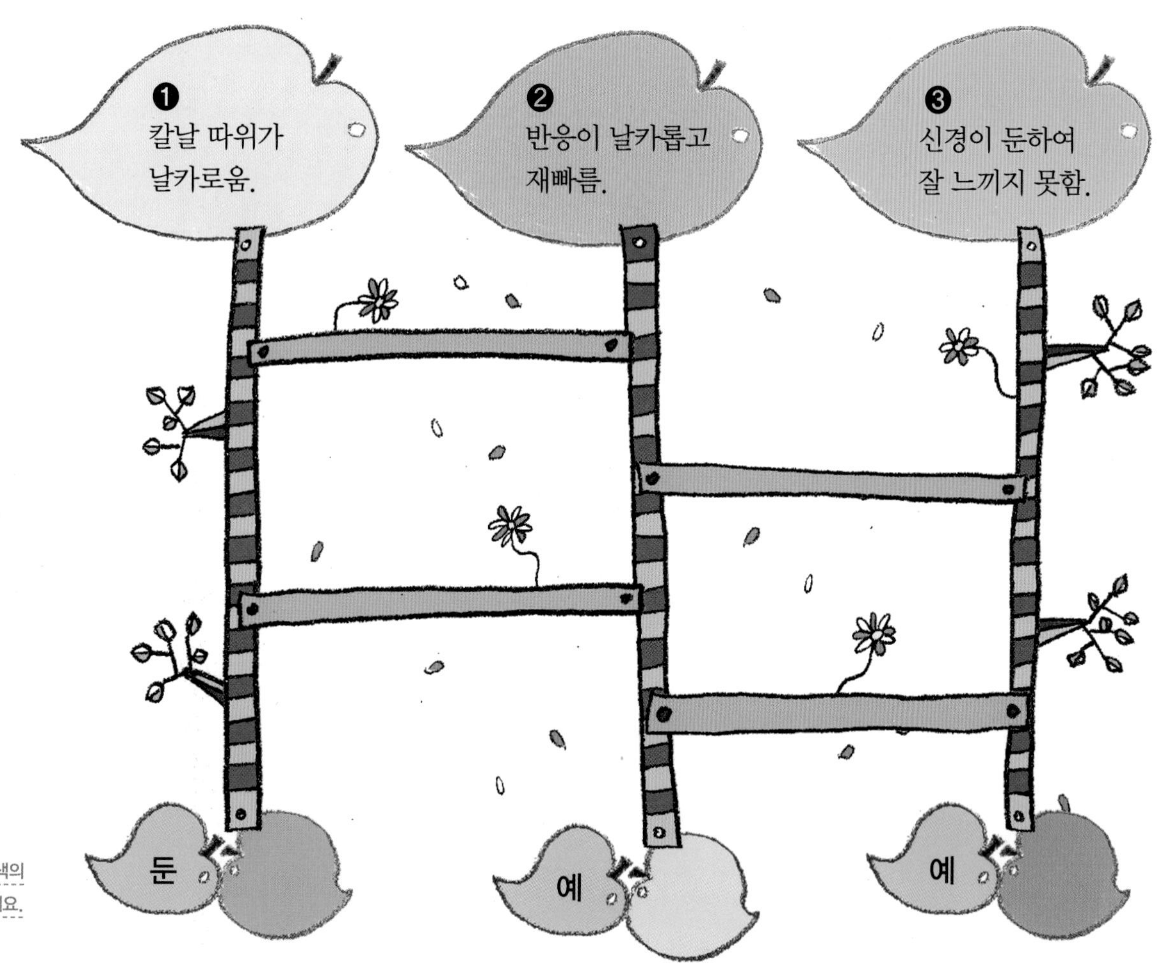

사다리 타기가 어려우면 같은 색의 빈칸을 찾아가세요.

2

〈보기〉의 한자를 완성하려면 어떤 글자 조각이 필요한지 ❶~❹에서 고르세요.

〈보기〉 무딘 쇠를 바꾸어 날카롭게 만드니, 날카로울 예.

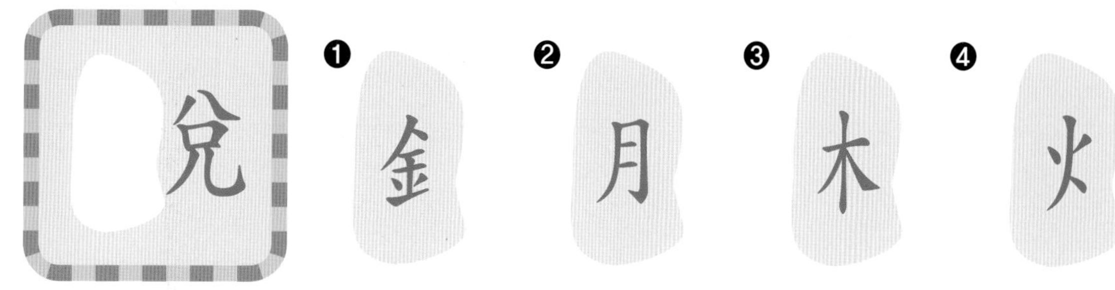

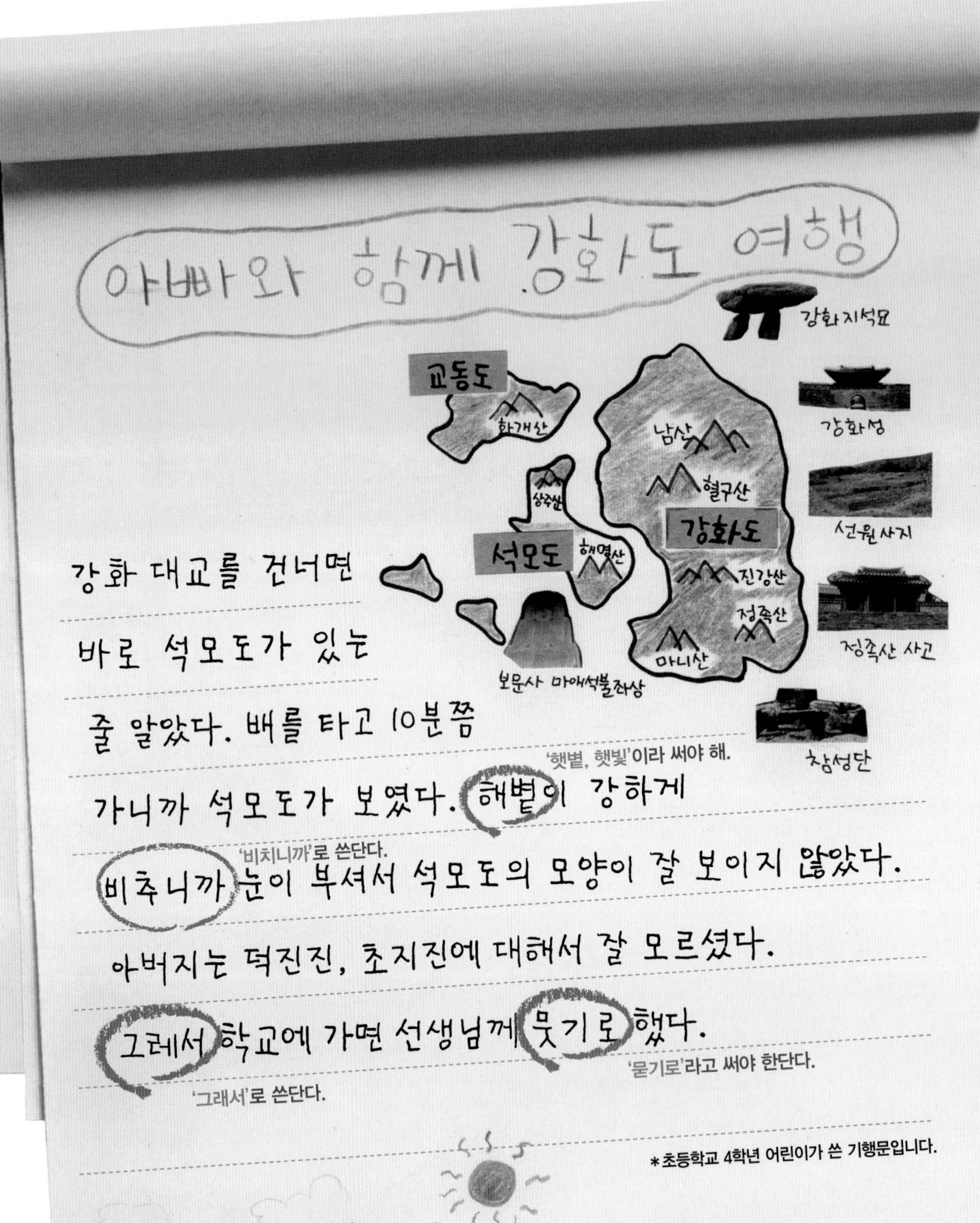
아빠와 함께 강화도 여행
강화지석묘
교동도
화개산
강화성
남산
혈구산
상주산
선원사지
강화도
석모도
해명산
진강산
정족산
정족산 사고
마니산
보문사 마애석불좌상
참성단
강화 대교를 건너면
바로 석모도가 있는
줄 알았다. 배를 타고 10분쯤
가니까 석모도가 보였다. 해볕이 강하게
'햇볕, 햇빛'이라 써야 해.
비추니까 눈이 부셔서 석모도의 모양이 잘 보이지 않았다.
'비치니까'로 쓴단다.
아버지는 떡진진, 초지진에 대해서 잘 모르셨다.
그레서 학교에 가면 선생님께 뭇기로 했다.
'그래서'로 쓴단다.
'묻기로'라고 써야 한단다.
* 초등학교 4학년 어린이가 쓴 기행문입니다.

햇빛은 '비치고', 손전등은 '비추고'

햇빛은 '비추다'가 아니라 '비치다'라고 쓰는 거란다.
'비추다'는 빛을 내는 대상이 다른 대상에게
빛을 보내어 밝게 하는 경우에 쓰는 거야.
앞길을 밝게 해 주는 것은 비추는 거지!

비추다

- 빛을 내는 대상이 다른 대상에게 빛을 보내어 밝게 하다.
  - 예) 그가 가는 길 앞에 손전등을 비추다.
- 빛을 받게 하거나 빛을 통하게 하다.
  - 예) 전등에 필름을 비추어 보았다.

와, 달이 비치네!

비치다

- 빛을 받아 모양이 나타나 보이거나, 물체의 그림자나 영상이 나타나다.
  - 예) 어둠 속에 달빛이 비치다.
- 뜻이나 마음이 밖으로 드러나 보이다.
  - 예) 나는 그에게 내 생각을 비쳤다.

1 **왼쪽에 음뜻이 주어진 한자를 오른쪽 빈칸에 쓰세요.**

물이 넘쳐 빗자루도 손도 물이 스며드니, 스며들 침.
스며들
침

2 **낱말과 뜻이 바르게 설명된 칸을 모두 색칠해 보세요. 어떤 글자 모양이 나타나나요?**

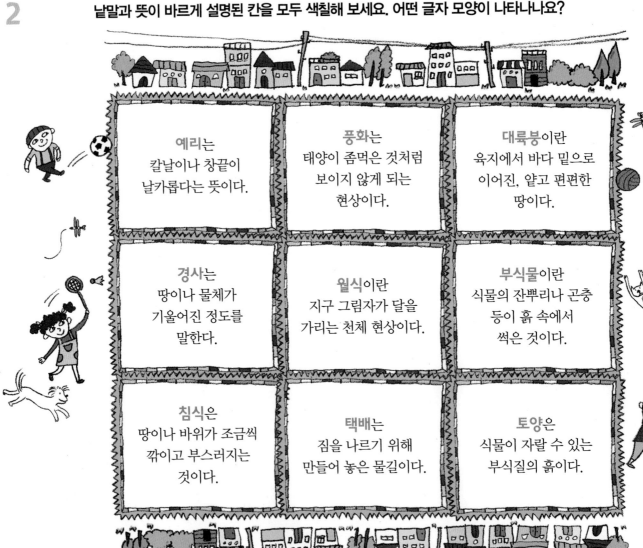

예리는 칼날이나 창끝이 날카롭다는 뜻이다.	**풍화**는 태양이 좀먹은 것처럼 보이지 않게 되는 현상이다.	**대륙붕**이란 육지에서 바다 밑으로 이어진, 얕고 편편한 땅이다.
경사는 땅이나 물체가 기울어진 정도를 말한다.	**월식**이란 지구 그림자가 달을 가리는 천체 현상이다.	**부식물**이란 식물의 잔뿌리나 곤충 등이 흙 속에서 썩은 것이다.
침식은 땅이나 바위가 조금씩 깎이고 부스러지는 것이다.	**택배**는 짐을 나르기 위해 만들어 놓은 물길이다.	**토양**은 식물이 자랄 수 있는 부식질의 흙이다.

❶ ┼　　❷ H　　❸ ㅁ　　❹ ㅏ

제5일차

3 ❶~❸에서 사다리를 타면 같은 색의 빈칸이 나와요.
❶~❸의 뜻에 맞는 낱말이 되도록 빈칸에 알맞은 글자를 쓰세요.

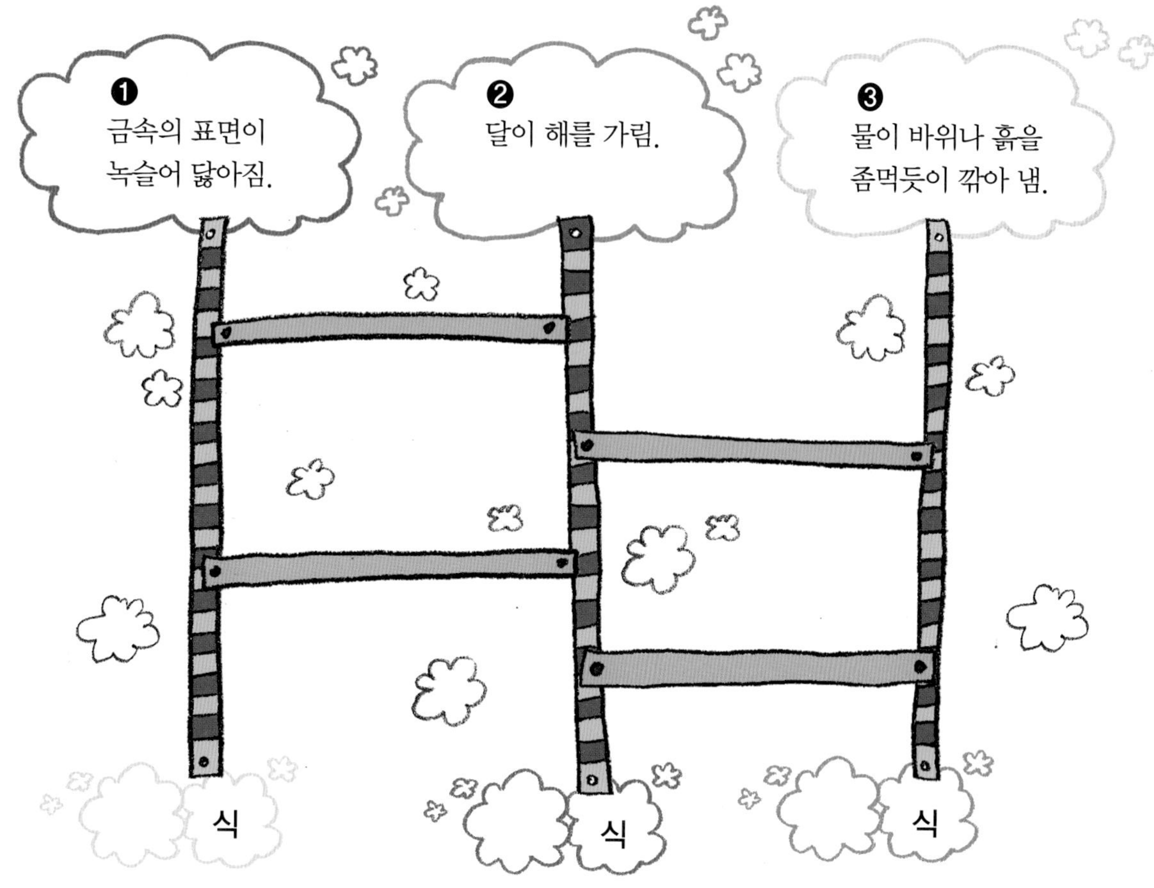
❶
금속의 표면이
녹슬어 닳아짐.
❷
달이 해를 가림.
❸
물이 바위나 흙을
좀먹듯이 깎아 냄.
식
식
식

사다리 타기가 어려우면 같은 색의 빈칸을 찾아가세요.

4 ❶~❷의 빈칸에 주어진 음뜻의 한자를 쓰세요.

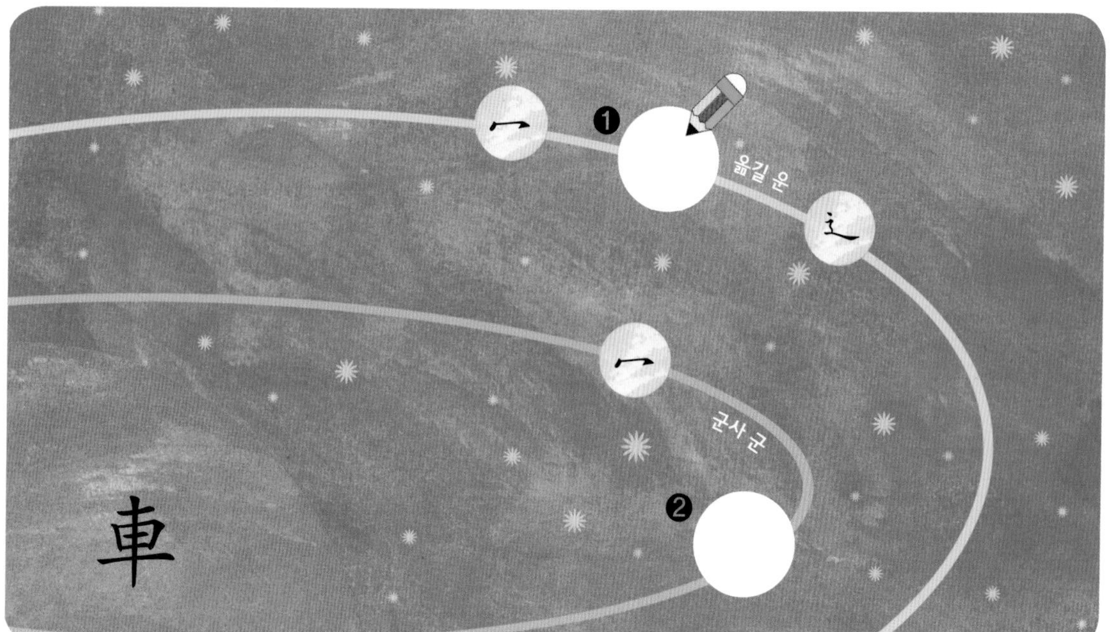
❶
옮길 운
辶
군사 군
❷
車

빨간 별과 노란 별에 쓰인 글자를 합치면 한자 모양을 알 수 있어요.

평가 문제

1. 그림의 ❶ ~ ❺에서 '대륙붕'은 어디인지 고르세요. (　　　　)

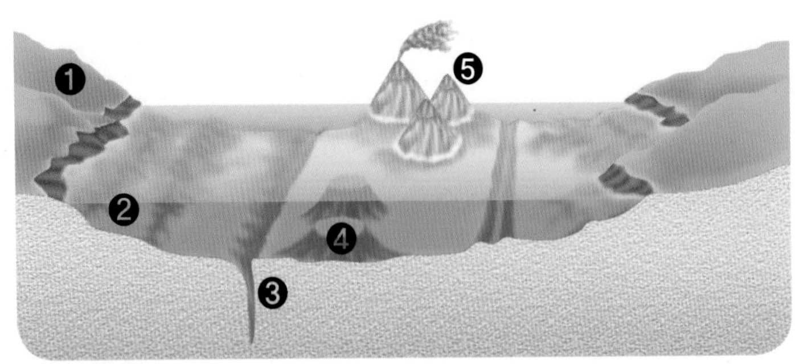

2. 서로 어울리는 것끼리 연결해 보세요.

(1) 지표면을 덮고 있는 부식질의 흙. •　　　　• 완만
(2) 기울어진 정도가 급하지 않음. •　　　　• 침략
(3) 쳐들어가 재물과 목숨을 빼앗음. •　　　　• 토양

3~4 빈칸에 알맞은 낱말을 〈보기〉에서 골라 쓰세요.

〈보기〉 경사, 예민, 침범, 운전

3. 으악! (　　　　)가 너무 급해서 위험해!

4. 여긴 내 영역이니 (　　　　)하지 마.

5. 서로 관계있는 것끼리 알맞게 이으세요.

(1) 물이 넘쳐 빗자루도 손도 물이 스며드니 •　　　　• 浸
(2) 덮개 씌운 수레를 천천히 옮기니 •　　　　• 銳
(3) 무딘 쇠를 바꾸어 날카롭게 만드니 •　　　　• 運

6~7 밑줄 친 낱말을 대신하여 고쳐 쓸 말을 고르세요.

6. 평소엔 말도 없고 행동도 느려서 **예민**한 줄만 알았는데, 얼음땡 놀이를 할 땐 몸이 어찌나 빠른지…. (　　　)

❶ 예리　❷ 안전　❸ 우둔　❹ 운영　❺ 둔각

7. 떡볶이떡은 '참기름 화장수' 광고에 나온 '총알 **반송**'이라는 문구를 보고, 바로 전화를 걸어 화장수를 주문했어요.

❶ 풍습　❷ 배송　❸ 부식　❹ 침수　❺ 운전

8~9 다음 글을 읽고 물음에 답하세요.

> 흐르는 물은 땅의 모양을 변화시킵니다.
> 강의 상류로 갈수록 물의 흐름이 빠르고 경사가 급합니다.
> 그래서 강의 상류에서는 ㉠**침식 작용**이 활발하게 일어납니다.
> 강의 하류로 갈수록 물의 흐름은 느려지고 경사가 (㉡)해집니다.

8. **㉠의 뜻으로 바른 것을 고르세요. (　　　)**

❶ 식물 등이 썩는 일
❷ 금속 등이 녹스는 일
❸ 해가 좀먹듯 가려지는 일
❹ 신경이 날카롭게 반응하는 일
❺ 물이 바위나 흙을 깎아 내는 일

9. **㉡에 들어갈 알맞은 말을 고르세요. (　　　)**

❶ 둔감　❷ 예민　❸ 예리　❹ 완만　❺ 부식

10. **밑줄 친 말 중, '바람 풍(風)'이 쓰이지 않은 낱말을 고르세요. (　　　)**

❶ 올해는 **풍년**이라 벼농사가 참 잘되었다.
❷ 대보름날에는 오곡밥을 해 먹는 **풍습**이 있다.
❸ 큰 바위도 오랜 세월 동안 **풍화**되면 결국 흙이 된다.
❹ 이 산은 멋진 **풍광** 덕분에 많은 사람들이 찾고 있다.
❺ 우리 집 거실에는 얼마 전 들여놓은 중국**풍**의 가구가 있다.

왔다 갔다 하는 버스, 셔틀버스

방과 후엔 주로 무엇을 하니? 아마 대부분 학원에 가겠지?
피아노 학원, 태권도 학원, 미술 학원, 영어 학원 등등.
그런데 학원에 갈 땐 무엇을 타고 가니?
걸어서 가는 친구도 있겠지만 대개 학원 버스가 집과 학원을
왔다 갔다 하면서 우리를 태워 줄 거야.
이처럼 두 장소를 왔다 갔다 할 때 우리는 셔틀shuttle이라는 말을 써.
그러니까 학원 버스처럼 집과 학원을 왔다 갔다 하는 버스는 셔틀버스shuttle bus라고 할 수 있겠지.

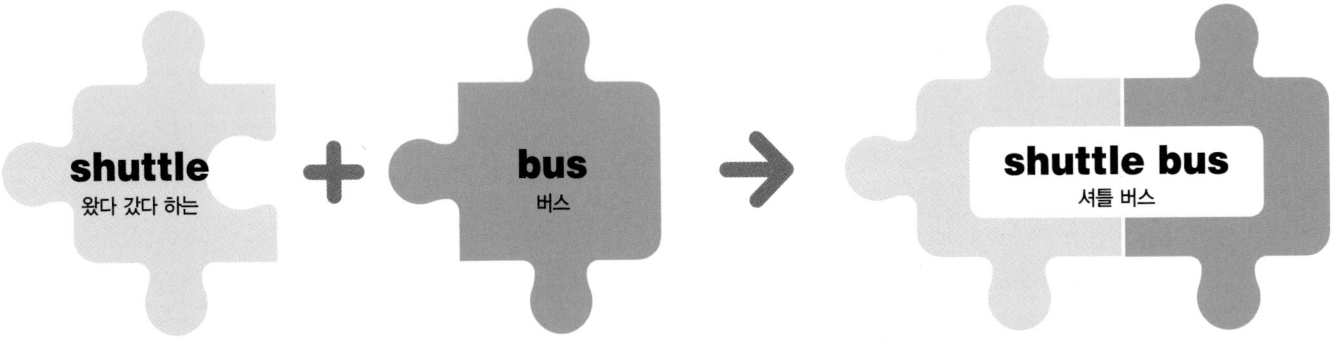

shuttle 왔다 갔다 하는 + **bus** 버스 → **shuttle bus** 셔틀 버스

그럼 셔틀shuttle을 사용한 단어에는 또 어떤 것들이 있을까?
셔틀콕shuttlecock처럼 한 단어인 것들도 있지만,
스페이스 셔틀space shuttle이나 에어셔틀air shuttle, 셔틀트레인shuttle train처럼
두 단어가 이어져 한 낱말이 되기도 한단다.
다음 낱말들에서 셔틀shuttle의 뜻과 쓰임을 익혀 보자.

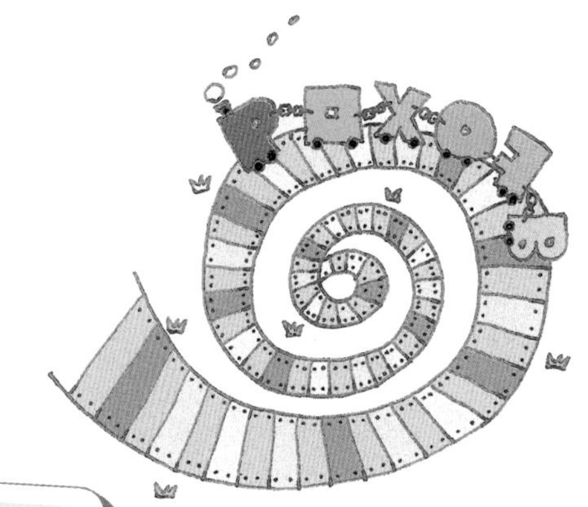

shuttlecock

셔틀콕shuttlecock이라는 말 들어 봤니?
'배드민턴 칠 때 사용하는 깃털 달린 공'을 말해.
배드민턴 칠 때 깃털 달린 공이 왔다 갔다 하잖아.
그래서 셔틀이라는 말이 붙은 거야.

space shuttle

스페이스 셔틀space shuttle은 뭘까?
스페이스space는 '우주 공간'을 뜻해.
이제 쉽게 알아맞힐 수 있겠지?
스페이스 셔틀은 우주와 지구를 왔다 갔다 하는 우주 왕복선이야.

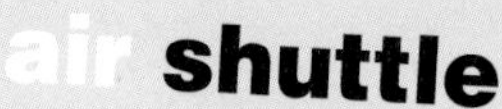

air shuttle

에어셔틀air shuttle이라는 말을 들어 본 적 있니? 여기에서 에어air는 공기가 아니라 '항공 교통'을 뜻해.
그러니까 에어셔틀은 비교적 가까운 거리의 항공을 왔다 갔다 하는 '왕복 항공편'을 말하는 거야.

shuttle train

셔틀트레인shuttle train은 다들 알겠지?
버스가 아니라 열차라는 점만 다를 뿐 셔틀버스shuttle bus와 비슷해. 가까운 거리를 왔다 갔다 하는 '근거리 왕복 열차'를 말해.

콕콕 정답

제1일차

05쪽 1. 암석 2. 침식 3. 절구 4. 풍화 5. 경사 6. 표지
06쪽 ❶ 풍화 ❷ 토양
07쪽 ❶ 부식물 ❷ 부식
08쪽 ❶ 보통 ❷ 벌레 ❸ 풍

09쪽

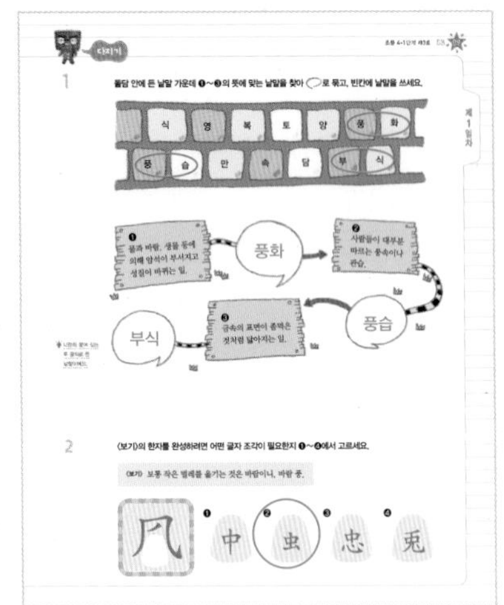

제2일차

10쪽 ❶ 침식 ❷ 완만 ❸ 경사
11쪽 ❶ 대륙붕 ❷ 해구 ❸ 해령
12쪽 ❶ 물 ❷ 빗자루 ❸ 손 ❹ 침

13쪽

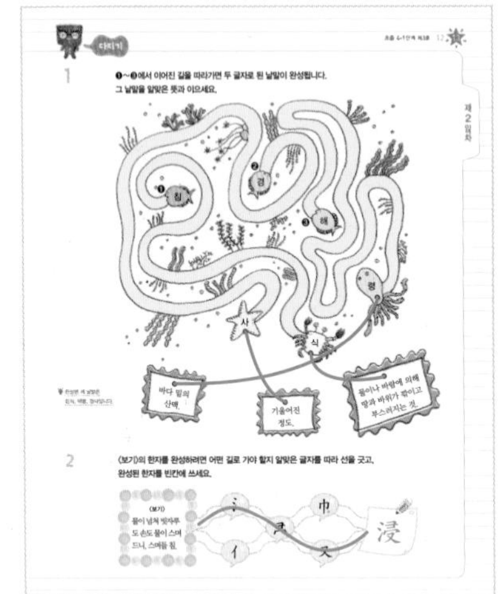

제3일차

17쪽 1. 난관 2. 실현 3. 선박 4. 운반 5. 예리 6. 공급
18쪽 ❶ 운영 ❷ 운반 ❸ 운전
19쪽 ❶ 배송 ❷ 택배 ❸ 반송
20쪽 ❶ 덮개 ❷ 수레 ❸ 천천히 ❹ 운

21쪽

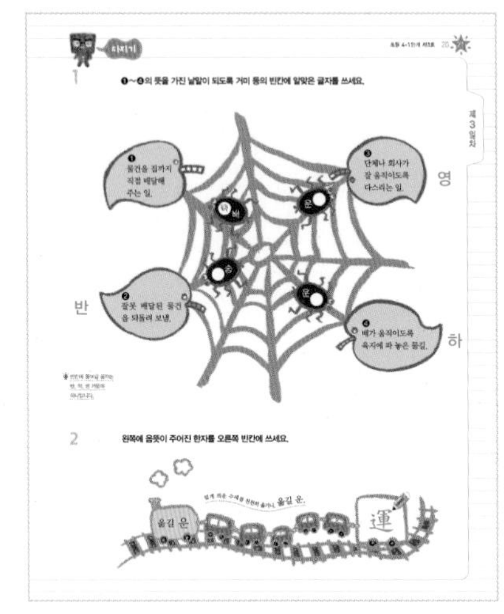

제4일차

22쪽 ❶ 예각 ❷ 예민 ❸ 예리
23쪽 ❶ 둔감 ❷ 우둔 ❸ 둔각
24쪽 ❶ 쇠 ❷ 바꾸어 ❸ 예

25쪽

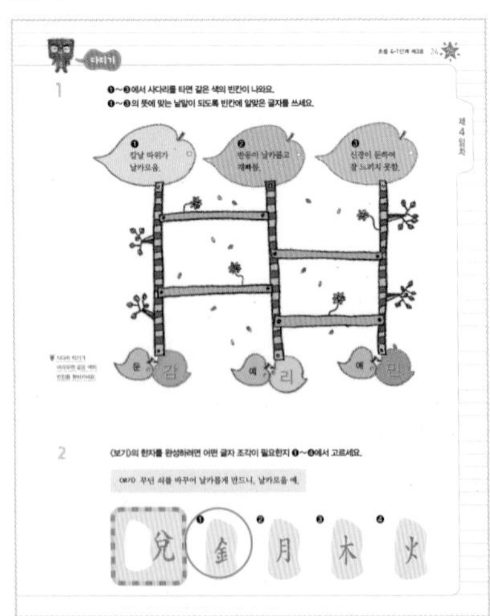

제5일차

도전! 어휘왕

28-29쪽

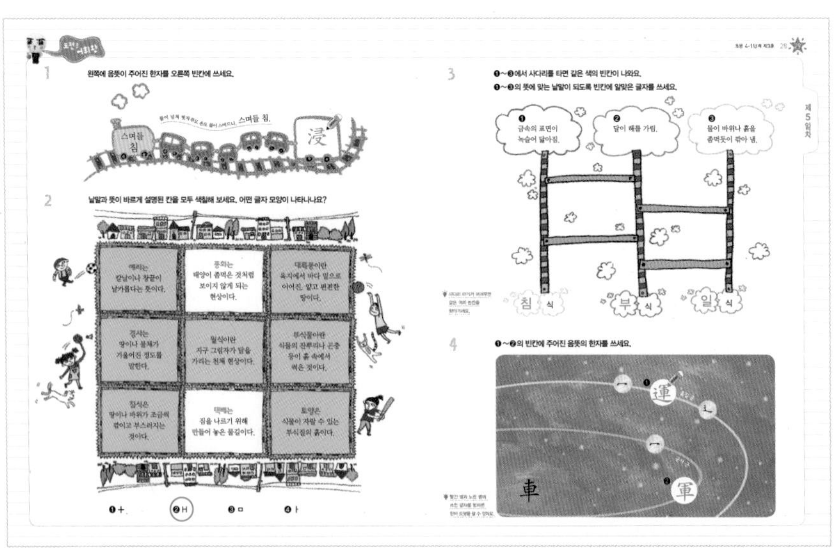

평가 문제

30-31쪽 1. ❷ 2. (1) 토양 (2) 완만 (3) 침략 3. 경사 4. 침범 5. (1) 浸 (2) 運 (3) 銳 6. ❸ 7. ❷ 8. ❺ 9. ❹ 10. ❶

구별하여 써야 할 땅과 물의 이름

물은 땅의 모양을 만드는 최고의 조각가지!
그런데 땅에도, 물에도 생긴 모양에 따라 제각각 다른
이름이 있다는 걸 아니?

들 사방이 탁 트이고 평평한 땅. 식물이 자라고, 생활 공간과 가깝단다.
예) 내 고향 그리운 산과 들.

들판 들 중에서도 아주 넓은 곳. 농사를 지으려면 넓은 땅이 필요하니까 대체로 농경지가 들판이 돼.
예) 누렇게 익은 벼로 빛나는 가을 들판.

들녘 들이 있는 쪽을 가리키는 말. '-녘'은 시간에 쓰면 '즈음, 때'를, 공간에 쓰면 '쪽, 방향'을 뜻하는 말이야.
예) 고향 들녘을 향해 발걸음을 옮기다.

벌 넓고 평평한 땅. '들'과 비슷한 뜻이지만, '갯벌, 황산벌, 마루벌'처럼 다른 말에 붙여 써.

벌판 들판처럼 넓고 평평한 땅이지만, '허허벌판'이란 말처럼, 식물이나 사람이 없는 곳이야.
예) 시베리아 벌판, 만주 벌판.

샘 땅에서 물이 새어 나오는 곳. 땅을 깊이 파서 샘물을 길어 올리게 만든 것이 우물이지.
예) 샘솟는 물.

개울 작은 물줄기가 골짜기나 들에 흐르는 것. 개울이 모여 강을 이룬단다. '내'와 비슷한 말이지.
예) 여름이면 개울물에서 친구들과 놀곤 했다.

여울 바닥이 얕거나 폭이 좁아서 물살이 세차게 흐르는 곳. 강이나 내, 바다에 모두 있단다.
예) 여울을 거슬러 올라가는 연어 떼.

샛강 큰 강에서 섬을 사이에 두고 갈라졌다가 다시 합쳐지는 작은 강을 말해.
예) 여의도에 샛강 생태 공원을 만들기로 했다.

너울 바다에서 일어나는 사납고 큰 물결. 가장 거칠고 사나운 바다 물결을 말한단다.
예) 너울이 잠잠해지기를 기다려 배를 띄웠다.

마법의 상위권 어휘 스스로 평가표

01

다음 네 낱말 중 뜻을 자신 있게 말할 수 있는 낱말은 ○표, 알쏭달쏭한 낱말은 △표, 자신 없는 낱말은 ×표 하세요.

풍화 (　　) | 침식 (　　) | 운반 (　　) | 예리 (　　)

02

다음 네 한자 중 음과 뜻을 자신 있게 말할 수 있는 것은 ○표, 알쏭달쏭한 것은 △표, 자신 없는 것은 ×표 하세요.

風 (　　) | 浸 (　　) | 運 (　　) | 銳 (　　)

03

<평가 문제>를 모두 풀고 정답을 확인해 보세요. 10문항 중 내가 맞힌 문항 수는 몇 개인가요?

❶ 9-10 문항 (　　) | ❷ 7-8 문항 (　　) | ❸ 3-4 문항 (　　) | ❹ 1-2 문항 (　　)

| 부모님과 선생님께 |

위에서 어린이가 스스로 적은 내용을 보고, 어린이가 어려워하는 부분을 함께 보면서
어휘의 뜻과 쓰임을 이해할 수 있도록 해 주세요.

초등 4-1 단계

스토리텔링식 신교과서 학습을 위한

마법의 상위권 어휘

제4호

어휘가 쑥쑥 자라요.

부모님과 선생님께서는 이렇게 지도해 주세요

제 1 일차	제 2 일차	제 3 일차	제 4 일차	제 5 일차
투발루의 친구 이야기를 읽고, 대표 여휘 '기온'의 뜻과 한자 '氣'를 익힙니다. '기온'에서 확장된 여러 낱말의 뜻을 스스로 추론해 보도록 지도해 주세요.	대표 어휘 '예보'의 뜻과 한자 '豫'을 익히고, 관계 있는 낱말도 함께 익힙니다. 다지기 문제를 풀어 보고, '고래 싸움에 새우등 터지다'라는 속담도 알려 주세요.	개기 일식 이야기를 읽고, 대표 어휘 '관측'의 뜻과 한자 '觀'을 익힙니다. '관측'에서 확장된 여러 낱말의 뜻을 스스로 추론해 보도록 지도해 주세요.	대표 어휘 '탐사'의 뜻과 한자 '探'를 익히고, 관계 있는 낱말도 함께 익힙니다. 다지기 문제를 풀어 보고, '-장이'와 '-쟁이'를 구별하여 쓸 수 있도록 해 주세요.	재미있는 게임 문제와 학교 시험 유형의 평가 문제를 풀며 어휘 실력을 다집니다. '엑스포(Expo)'와 구성 원리가 비슷한 영단어들도 함께 익히도록 해 주세요.

투발루의 친구가 슬픈 일을 겪었어요.
기상청의 예보를 들었지만 아무 일도 할 수가 없었지요.
지구의 평균 기온이 점점 올라가 사라질 위기에 처한 나라,
투발루의 안타까운 현실을 만나 보세요.

어휘랑 놀자 1

아름답고 궁금한 우리말 이야기

고래 싸움에 새우 등 터진다

제 1 일차

교과서 학습 어휘 01
맛보기
돋보기1
한자가 술술
다지기

기온
백엽상 기후 기상

氣
粉

제 2 일차

돋보기2
한자가 술술
다지기

예보
예측 예지 예언 예정 예감 예산

豫
象

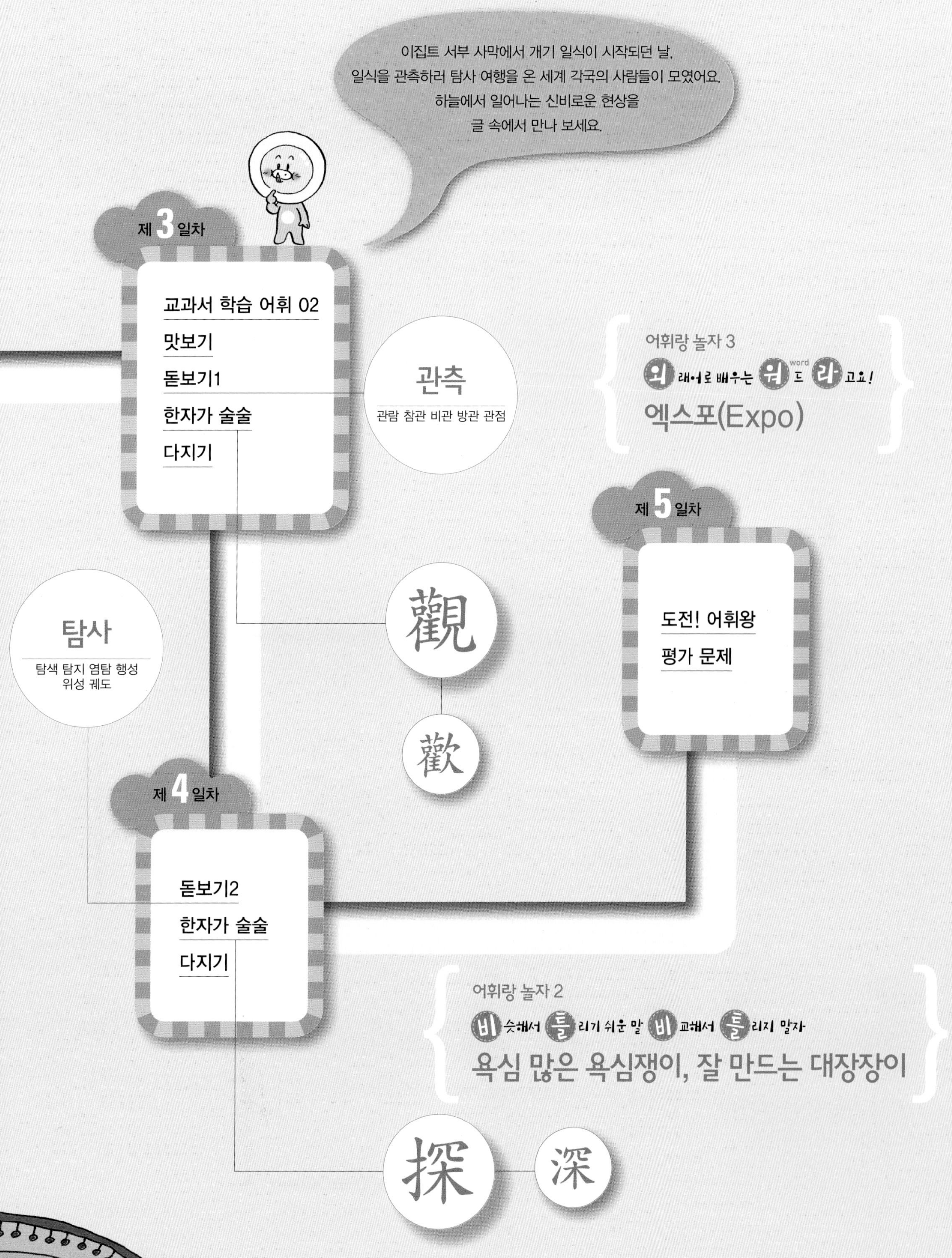

이집트 서부 사막에서 개기 일식이 시작되던 날.
일식을 관측하러 탐사 여행을 온 세계 각국의 사람들이 모였어요.
하늘에서 일어나는 신비로운 현상을
글 속에서 만나 보세요.
제 3 일차
교과서 학습 어휘 02
맛보기
돋보기1
한자가 술술
다지기
관측
관람 참관 비관 방관 관점
觀
歡
어휘랑 놀자 3
외래어로 배우는 워드라고요!
word
엑스포(Expo)
제 5 일차
도전! 어휘왕
평가 문제
탐사
탐색 탐지 염탐 행성
위성 궤도
제 4 일차
돋보기2
한자가 술술
다지기
어휘랑 놀자 2
비슷해서 틀리기 쉬운 말 비교해서 틀리지 말자
욕심 많은 욕심쟁이, 잘 만드는 대장장이
探
深

돋보기 기온 · 예보

◑ 글 속의 주황색 낱말들은 무슨 뜻일까요? 잘 생각하면서 다음 글을 읽어 보세요.

안녕! 한국의 친구야, 잘 지내고 있니?
이곳은 무척 덥단다. 한국은 겨울이니까 춥겠구나!
지난 크리스마스 때 보내 준 눈사람 사진은 잘 보았어. 나도 눈사람을 만들어 보고 싶은데,
투발루에는 눈이 내리지 않아서 정말 아쉬워.
이렇게 답장이 늦어진 건, 얼마 전 우리 집에 큰일이 있었기 때문이야.
바닷물이 불어나 아래층이 완전히 침수되고, 새끼 돼지 두 마리가
파도에 쓸려 가고 말았어.
2층 내 방까지 바닷물이 들어왔지.
기상청에서 파도가 평소보다 높을 거라고 예보해 주긴 했지만,
그래도 2층까지 물에 잠길 줄은 몰랐는데……. 정말 무섭고 슬펐어.
앞으로 또 밀물이 들어올 텐데, 떨려서 잠도 안 올 것 같아.
이런 일이 일어나는 건 지구가 자꾸 더워져서 빙산이 녹아 해수면 높이가
올라가서 그렇대. 이렇게 기온이 점점 오르면 우리가 어른이
될 쯤에는, 투발루가 바닷속으로 가라앉아 없어질지도 모른대.
우리 집과 마을이 없어져 버린다니! 이제 우린 어떻게 되는 걸까?

◑ 빈칸에 알맞은 낱말을 왼쪽 글의 주황색 낱말 중에서 찾아 써 보세요.
잘 모를 땐 💡를 보거나, ❶~❸에서 골라 쓰세요.

1 바닷물이 밀려 들어오면 밀 물, 빠져나가면 썰물이에요.

💡 이때가 되면 갯벌을 볼 수 없어요. 물이 갯벌을 덮어 버릴 만큼 차오르기 때문이에요.

❶ 냇물 ❷ 밀물 ❸ 봇물

2 지구가 더워지면서 극지방의 빙산이 녹아 ( ) 이 높아지고 있어요.

💡 바닷물의 표면 높이를 가리키는 말이지요.

❶ 해수면 ❷ 지표면 ❸ 사리면

3 투발루의 친구는 ( ) 의 예보를 들었지만 결국 새끼 돼지를 잃고 말았어요.

💡 날씨와 관련된 여러 가지 현상을 분석하고 알려 주는 곳이에요.

❶ 관광청 ❷ 포도청 ❸ 기상청

4 여름철에는 한밤중에도 ( ) 이 섭씨 25도 이상 되는 날이 많아 무더워요.

💡 공기의 온도를 가리키는 말이에요.

❶ 기온 ❷ 보온 ❸ 네온

5 소풍 가기 전날이면 꼭 일기 ( ) 를 듣게 돼요.

💡 미리 알려 주는 일을 말해요.

❶ 일보 ❷ 도보 ❸ 예보

6 홍수가 나서 강물이 넘치면, 주택과 농경지가 ( ) 되고 말아요.

💡 가구나 옷가지, 살림살이가 모두 물에 잠겨 젖는 것을 말해요.

❶ 침몰 ❷ 침수 ❸ 침략

돋보기1 기온이 무척 높지만 이곳에선 에어컨 같은 건 꿈도 못 꿔

기온이 높으면 덥고, 기온이 낮으면 춥지.
기온은 어디서 재느냐에 따라 조금씩 달라져.
같은 시각이라도 산 위, 바닷가, 학교 운동장에서 잰 기온은 조금씩 달라.
공기의 온도를 좌우하는 여러 가지 요인이 다르기 때문이지.
'기온'이란 우리를 둘러싸고 있는 공기【氣】의 온도【溫】란다.

날 교 공기【氣】의 따뜻한【溫】 정도.
공기【氣】의 온도【溫】.

예 북극 지방은 여름에도 기온이 영하로 떨어진다.

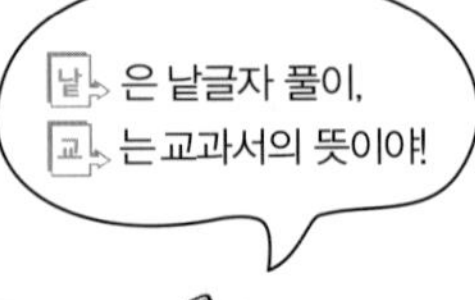

날 은 낱글자 풀이,
교 는 교과서의 뜻이야!

일기 예보에서 알려 주는 기온은 '백엽상'에서 재는 거란다.
흰색이라서 백엽상이냐고? 그건 아니야. 백엽상의 '백'은 '흰 백(白)'이 아니라 '일백 백(百)'이야.
사방에 낸 빗살 같은 창문이 마치 백여 개나 되는 잎처럼 많아 보여서 '백엽상'이라고 부르는 거야.

잔디밭에 세워진 백엽상.

날 백【百】 개의 잎【葉】 모양 조각으로 된 상자【箱】.

교 기온을 잴 수 있는 설비를 갖춘 작은 집 모양의 상자.

예 종로구에 있는 옛 기상청 자리에는 지금도 백엽상이 남아 있다.

백엽상 내부.

백엽상은 왜 흰색일까? 햇볕에 내부가 더워지는 걸 막으려고 그런 거야. 흰색은 빛을 반사하는 성질이 있거든.
사방이 빗살처럼 뚫린 것도 공기가 잘 통하게 하기 위해서란다.

안의 두 낱말 중 주어진 문장에 알맞은 낱말을 골라 ◯표 하세요.

- 기온이란 공기의 ❶ 온도, 습도 를 말한다.
- 기온을 재는 기구인 백엽상의 '백'은 한자로 ❷ 白(흰 백), 百(일백 백) 이다.

여름 방학을 맞아 가족과 여행을 떠난다고 상상해 보자.
부산 바닷가로 간다면?
여름이면 기온이 높을 테니 반팔 옷과 반바지를 준비해야겠지?
하지만 북극으로 간다면?
그곳은 여름에도 얼음이 언단다.
그러니 두꺼운 옷과 외투를 준비하지 않으면 무척 고생할 거야!
여름이라도 날씨가 다른 건 바로 '기후'가 다르기 때문이야.

야호, 여름이다. 떠나자!
우리가 갈 곳은 북극이라니까요!

교 특정한 시기와 장소에서 규칙적으로 반복되는 날씨 현상.
예 우리나라는 온대 기후이다.

기후는 어떤 곳에서 규칙적으로 나타나는 날씨야.
우리나라는 여름이면 늘 덥고 비가 많이 내리며,
겨울이면 늘 춥고 건조해.
이는 오랜 시간 동안 우리나라의 여름 날씨와 겨울 날씨를
종합해서 내린 결론이야. 즉 우리나라의 기후지.

일기 예보는 '기상청'에서 담당해. 기상청은 기상을 관찰하는 관청이지.
그럼 '기상'이 뭘까? 그건 바로 공기가 만들어 내는 온갖 모습이란다.
구름, 바람, 습도 등 날씨와 관계되는 모든 것은 공기가 만들어 내는 모습이거든.
그러니까 기상은 '날씨'라고 말할 수 있지!

우리들도 공기가 만든 거야.

낱 공기【氣】가 만들어 내는 온갖 모습【象】.
교 공기가 만들어 내는 바람, 구름, 눈 등 모든 날씨 현상.
예 기상 악화로 배들이 운행을 멈추었다.

위성사진을 보며 기상을 분석하는 기상청 사람.

빈칸에 알맞은 낱말을 〈보기〉에서 골라 써 보세요.

〈보기〉 기상, 기상청, 기후

- 비가 그치지 않고 계속 내리자 ❶ ______ 에서는 호우 주의보를 내렸다.
- 우리나라는 온대 ❷ ______ 에 속하지만, 최근 변화 조짐이 보이고 있다.
- 세계 각지에서 지구 온난화로 인해 ❸ ______ 이변이 나타나고 있다.

한자의 뜻과 유래에 대한 설명을 읽고, 한자를 익혀 보세요.

氣

7급

기운 기

총 10획 | 부수 气, 6획

기(氣)는 '쌀밥을 먹으니 기운이 펄펄 난다'는 뜻이야. 옛날에는 쌀이 귀한 곡식이었어. 30여 년 전까지만 해도 우리나라 사람들은 쌀밥을 마음껏 먹을 수가 없었단다. 우리 할아버지 할머니 들의 어렸을 적 소원은 흰쌀밥을 마음껏 먹는 것이었어. 그러니 김이 모락모락 올라오는 쌀밥【米】을 배불리 먹고 나면 얼마나 기분이 좋았겠니? 아마 온몸에서 기운【气】이 펄펄 솟아났을 거야!

꽃 모양이 흰 쌀밥을 닮아, '하얀 쌀밥'을 뜻하는 이팝이란 이름이 붙은 이팝나무.

기운【气】이 쌀【米】밥을 먹으면 펄펄 나니,
기운 기.

气 + 米 = 氣

기운 기 / 쌀 미 / 기운 기

粉

4급

가루 분

총 10획 | 부수 米, 4획

쌀【米】을 쪼개면【分】 가루가 되니, 가루 분(粉).
쌀이나 곡식 알갱이를 빻으면 가루가 되지? 곱게 빻은 가루를 '분말(粉末)'이라고 해. 가루약 봉지에서 흔히 볼 수 있을 거야. 엄마가 바르는 화장품의 '분'도 이 글자란다. 식물의 꽃가루는 '화분(花粉)'이라고 해.

향긋하고 고소한
콩가루 분, 최고야!

'한자 암기카드'를 보고 빈칸에 들어갈 말을 써 보세요.

❶ (   )【气】이 ❷ ( )【米】밥을 먹으면 펄펄 나니, 기운 기(氣).

氣의 뜻은 (기 운)이고, 음은 ❸ ( ) 입니다.

氣의 어원을 생각하면서 필순에 따라 써 보세요.

氣 氣 氣 氣 氣 氣 氣 氣 氣 氣

氣	氣	氣	氣	氣			

1 열기구에서 ❶~❸으로 이어진 길을 따라가면 두 글자로 된 낱말이 완성됩니다. 그 낱말을 알맞은 뜻과 이으세요.

기

❶ 후

❷ 상

❸ 온

공기의 온도.

공기가 만들어 내는 날씨 현상.

어떤 곳에서 규칙적으로 반복되는 날씨 현상.

완성된 세 낱말은 기후, 기온, 기상입니다.

2 양쪽 한자에 공통으로 들어가는 글자를 ❶~❹에서 고르세요.

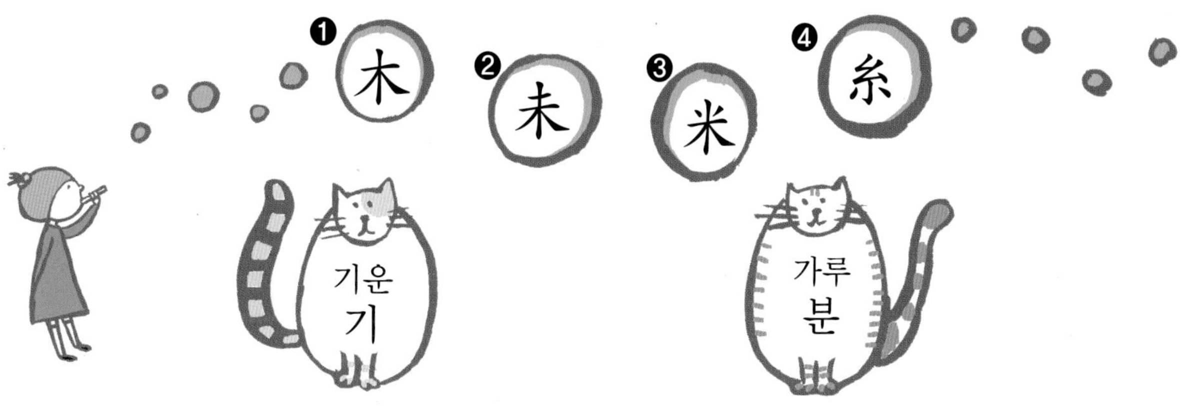

기상청에서 파도가 평소보다 높을 거라고  해 주긴 했지만

내일 날씨는 예보하지만, 어제 날씨는 예보하지 않아.
'예보'는 미리 알려 주는 것이기 때문이지.
일기 예보는 아주 어려운 일이야.
앞으로 하늘에서 어떤 일이 일어날지 어떻게 알겠니?
그러다 보니 옛사람들은 경험을 바탕으로 날씨를 예보하곤 했어.
무릎이 쑤시고 아프면 비가 온다든가, 저녁놀이 지면
다음 날 날씨가 좋다든가 하는 식으로 말이야.

낱 앞으로 일어날 일을 미리【豫】 알려 줌【報】.
교 일기나 기상 현상 등을 미리 알리는 일.
예 일기 예보를 담당하는 곳은 기상청이다.

옛사람들이 타임머신을 타고 현대로 와서 일기 예보를 하는 기상 캐스터를 보면 무슨 생각을 할까?
어쩌면 신이 보낸 예언자, 예지자라고 생각할지도 몰라.
'예측', '예지', '예언'처럼 '예(豫)'가 쓰인 낱말은 앞으로 일어날 일과 관계있는 뜻이 된단다.

낱 교 미리【豫】 헤아려【測】 짐작함.

'아마도 이러저러한 일이 생길 것이다'라고 짐작하는 거야.

예 이 공이 어느 방향으로 튈지 예측할 수 없다.

낱 교 어떤 일이 일어나기 전에 미리【豫】 앎【知】.

앞으로 일어날 일을 미리 아는 거야. 마치 신처럼 말이야.

예 그는 예지 능력을 가진 초능력자다.

낱 교 (앞으로 일어날 일을) 미리【豫】 말함【言】.

앞으로 일어날 일을 입 밖에 내어 말하는 것이야.

예 노스트라다무스는 지구의 멸망을 예언했다.

빈칸에 알맞은 낱말을 〈보기〉에서 골라 써 보세요.

〈보기〉 예측, 예보, 예언

- 두 팀 모두 힘이 팽팽해서 승부를 ❶ (　　) 할 수 없다.
- 일기 ❷ (　　) 대로라면 지금쯤 비가 그쳐야 할 텐데…….
- 노스트라다무스는 지구의 멸망을 ❸ (　　) 한 사람이다.

'예(豫)'가 쓰인 한자어의 뜻은 뒤에 오는 한자의 뜻에 '미리 ~하다'라고 붙여 보면 쉽게 알 수 있어. 다음 글에서 '예'가 들어간 낱말의 뜻을 생각해 보자.

제2일차

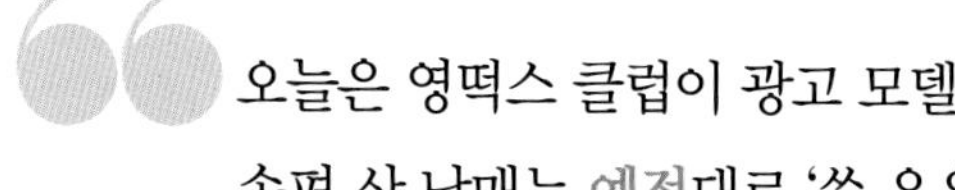

오늘은 영떡스 클럽이 광고 모델로 데뷔하는 날!
송편 삼 남매는 예정대로 '쑥 우유' 광고를 촬영했어요.
하지만 쑥 우유의 맛을 본 삼 남매는 '이게 과연 팔릴까' 싶었지요.
아니나 다를까, 불길한 예감은 들어맞고 말았어요.
우유 회사에서는 우유가 안 팔려 광고 예산이 부족하다며,
출연료 대신 쑥 우유 100상자를 보내왔어요.
화가 머리끝까지 난 송편 삼 남매는 홧김에 쑥 우유를 너무 마신 나머지,
그만 배탈이 나서 병원에 입원하고 말았답니다.

낱 교 미리【豫】 정함【定】.

'예정'대로 CF를 촬영했다는 건, 시간이나 장소 등 모든 것이 미리 계획되어 있었다는 거야. 이렇게 미리 정하여 두는 것을 예정이라고 해.

예 내 동생은 예정일보다 일주일이나 빨리 태어났다.

낱 교 미리【豫】 느낌【感】.

미리 느끼는 일이지. 좋은 일이나 나쁜 일이 일어나기 전, 미리 그 기분을 느끼는 것을 '예감'이라고 해.

예 지진이 일어날지도 모른다는 예감이 들었다.

낱 교 미리【豫】 헤아려 계산함【算】.

'예산'은 어떤 일에 얼마나 돈이 쓰일지 필요한 비용을 미리 계산해 보고 계획을 세우는 거야.

예 내년 예산안에서는 외식비를 많이 줄이기로 했다.

빈칸에 알맞은 낱말을 〈보기〉에서 골라 써 보세요.

〈보기〉 예산, 예정, 예감

- 왠지 모르게 그 친구를 다시 만날 것 같은 ❶ (　　) 이 들었다.
- 이번 달에는 지출이 ❷ (　　) 을 초과하는 바람에 지갑에 동전 한 푼 남지 않았다.
- 엄마는 ❸ (　　) 대로 열흘 동안 여행을 마치고 환한 모습으로 돌아오셨다.

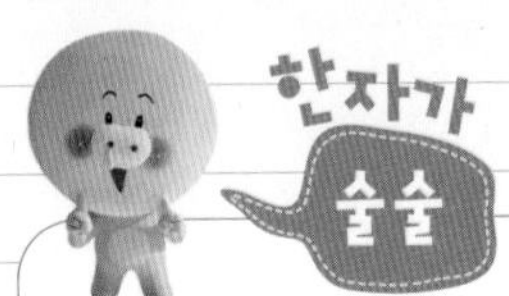

한자의 뜻과 유래에 대한 설명을 읽고, 한자를 익혀 보세요.

豫

4급

미리 예

총 16획 | 부수 豕, 9획

코끼리는 자기가 죽을 곳을 미리 안다는 말이 있어.
코끼리의 상아는 늘 관심거리지. 비싼 값에 팔 수 있으니 말이야. 하지만 살아 있는 코끼리를 잡기는 쉽지 않단다.
코끼리가 보이지 않으면, 사람들은 코끼리가 자기들만의 무덤으로 간 거라고 생각했어. 그리고 너도나도 그곳을 찾아 나서곤 했단다.
그래서 '코끼리는 자기가 죽을 곳을 미리 안다'는 이야기가 생긴 거야.

코끼리 떼.

자기【予】가 죽을 곳을 코끼리【象】는 미리 아니, 미리 예.

予 + 象 = 豫

나 여 / 코끼리 상 / 미리 예

象

4급

코끼리, 모양 상

총 12획 | 부수 豕, 5획

코끼리 모양을 본떠서, 코끼리 상, 모양 상(象).
우리나라 옛이야기엔 호랑이가 자주 등장하지?
그건 우리나라에 호랑이가 많았기 때문이야. 지금은 거의 없지만 말이야.
옛날 중국엔 코끼리가 많이 살았어. 그래서 중국의 아이들은 할아버지 할머니에게 '옛날에 코끼리가……' 하고 시작하는 이야기를 많이 듣고 자랐단다.
코끼리 이야기를 들을 때면, 코끼리의 이런저런 모양을 떠올리며 상상의 날개를 펼쳤을 거야. 그러다 보니 '코끼리'라는 글자가 '모양 상'으로도 쓰이게 되었단다.

'한자 암기카드'를 보고 빈칸에 들어갈 말을 써 보세요.

❶ ◯◯【予】가 죽을 곳을 ❷ ◯◯◯【象】는 미리 아니, 미리 예(豫).

豫의 뜻은 미리 이고, 음은 ❸ ◯ 입니다.

豫의 어원을 생각하면서 필순에 따라 써 보세요.

豫 豫 豫 豫 豫 豫 豫 豫 豫 豫 豫 豫 豫 豫 豫 豫

豫	豫	豫	豫	豫			

1

❶~❸에서 사다리를 타면 같은 색의 빈칸이 나와요.
❶~❸의 뜻에 맞는 낱말이 되도록 빈칸에 알맞은 글자를 쓰세요.

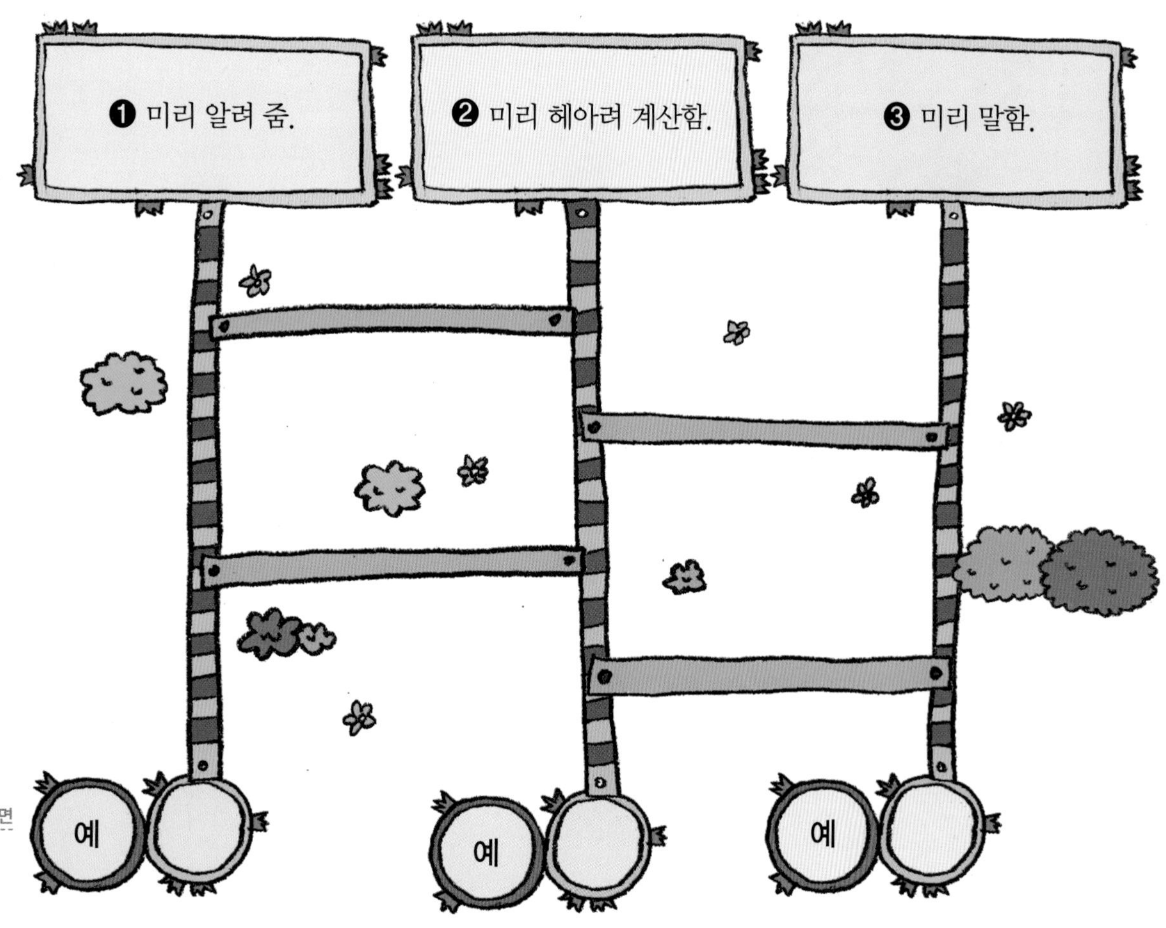

❶ 미리 알려 줌.
❷ 미리 헤아려 계산함.
❸ 미리 말함.
예
예
예

사다리 타기가 어려우면 같은 색의 빈칸을 찾아가세요.

2

〈보기〉의 한자를 완성하려면 어떤 글자 조각이 필요한지 ❶~❹에서 고르세요.

〈보기〉 자기가 죽을 곳을 코끼리는 미리 아니, 미리 예.

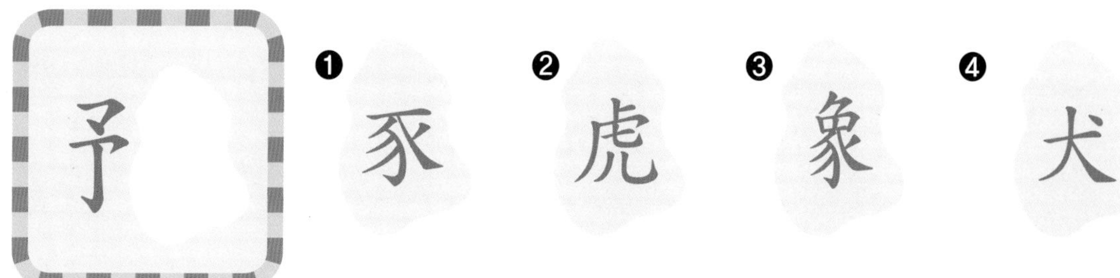

고래 싸움에 새우 등 터진다

라라라~ 나 백설기 머리 위에
예쁜 고명을 얹었지!

이건 대추 썬 것,
요건 호박씨야!
와~

보기 좋은 떡이
먹기도 좋다고,
근사하네요.

후후~ 나처럼 예쁜 떡
있으면 나와 보라 그래!
잠깐!

내 멋진 모습이나 보고
말하라고!

와~ 그 머리는
어떻게 만드신 거예요?

머리가 아파서 안마 좀 했더니
이렇게 멋진 파마머리가 됐지롱!
조물
조물
손자극?

어때, 백설기보다
내가 더 예뻐 보이지?
뭐라고욧?

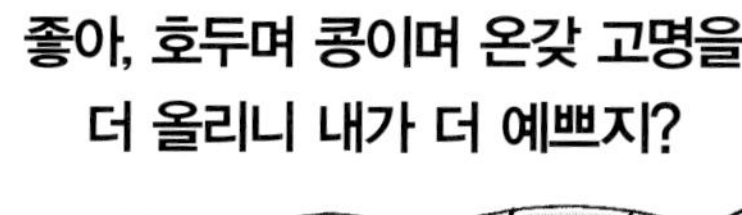
좋아, 호두며 콩이며 온갖 고명을
더 올리니 내가 더 예쁘지?

우수수~

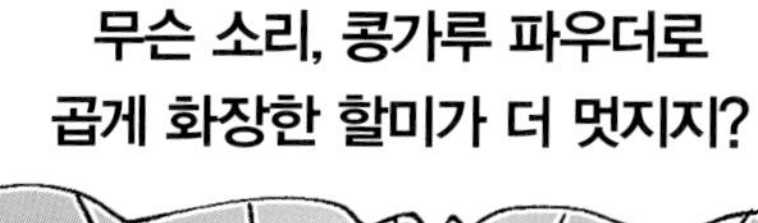
무슨 소리, 콩가루 파우더로
곱게 화장한 할미가 더 멋지지?

톡
톡

말해,
내가 더 예쁘지?
아니, 나지?
그렇지??
고래
고래
꺄

그만!!
고래 싸움에 새우 등 터지겠어요!

나는 새우!
둘은 고래!!
뭐?! 고래?

'고래 싸움에 새우 등 터진다'는 속담은 남의 싸움에 상관없는 사람이 중간에서 해를 입거나, 또는 윗사람들 싸움으로 아랫사람이 해를 입을 때 쓰는 말이에요.

새우
살려!

우리 싸움에
말려들어서 얼굴이
다 늘어졌구나.
미안,
대신….
조물
조물
엥?

늘어진 볼을 위로 올려서
예쁜 모양으로 만들어 줬으니,
용서해 줘~.

돋보기 관측 · 탐사

◑ 글 속의 주황색 낱말들은 무슨 뜻일까요? 잘 생각하면서 다음 글을 읽어 보세요.

2006년 4월 29일은 전 세계를 흥분의 도가니로 몰아넣은 '판타스틱 우주 쇼',
개기 일식을 관측할 수 있는 날이었습니다.
이집트 서부 사막에는 여러 나라에서 온 취재진과 관광객들이 북적이고 있었지요.
드디어 한국 시간으로 오후 7시 38분이 되자
달이 태양을 완전히 가리는 개기 일식이 시작되었습니다.
달그림자 주변으로 '코로나'라고 불리는 태양 대기층이 신비롭게 빛났습니다.
겨우 4분 남짓 지속된 이 개기 일식을 관측하기 위해
사람들은 쉴 새 없이 카메라 셔터를 누르며 바쁘게 움직였습니다.
태양 빛은 달빛보다 100만 배 이상 밝습니다.
지구 상의 어떤 설비로도 태양 주변의 대기 사진을 찍을 수가 없습니다.
오직 개기 일식 때에만 태양 주변의 대기층을 관찰할 수 있지요.
일반인들의 입장에서도 개기 일식은 일생에 한 번 볼까 말까 한 신비한 현상이랍니다.
그래서 개기 일식이 예정되면 세계 곳곳의 천문학자들은 물론이고,
수많은 사람들이 개기일식을 잘 볼 수 있는 곳으로 탐사 여행을 계획하지요.
그곳이 아무리 험하고 찾아가기 힘든 곳이라도 말입니다.

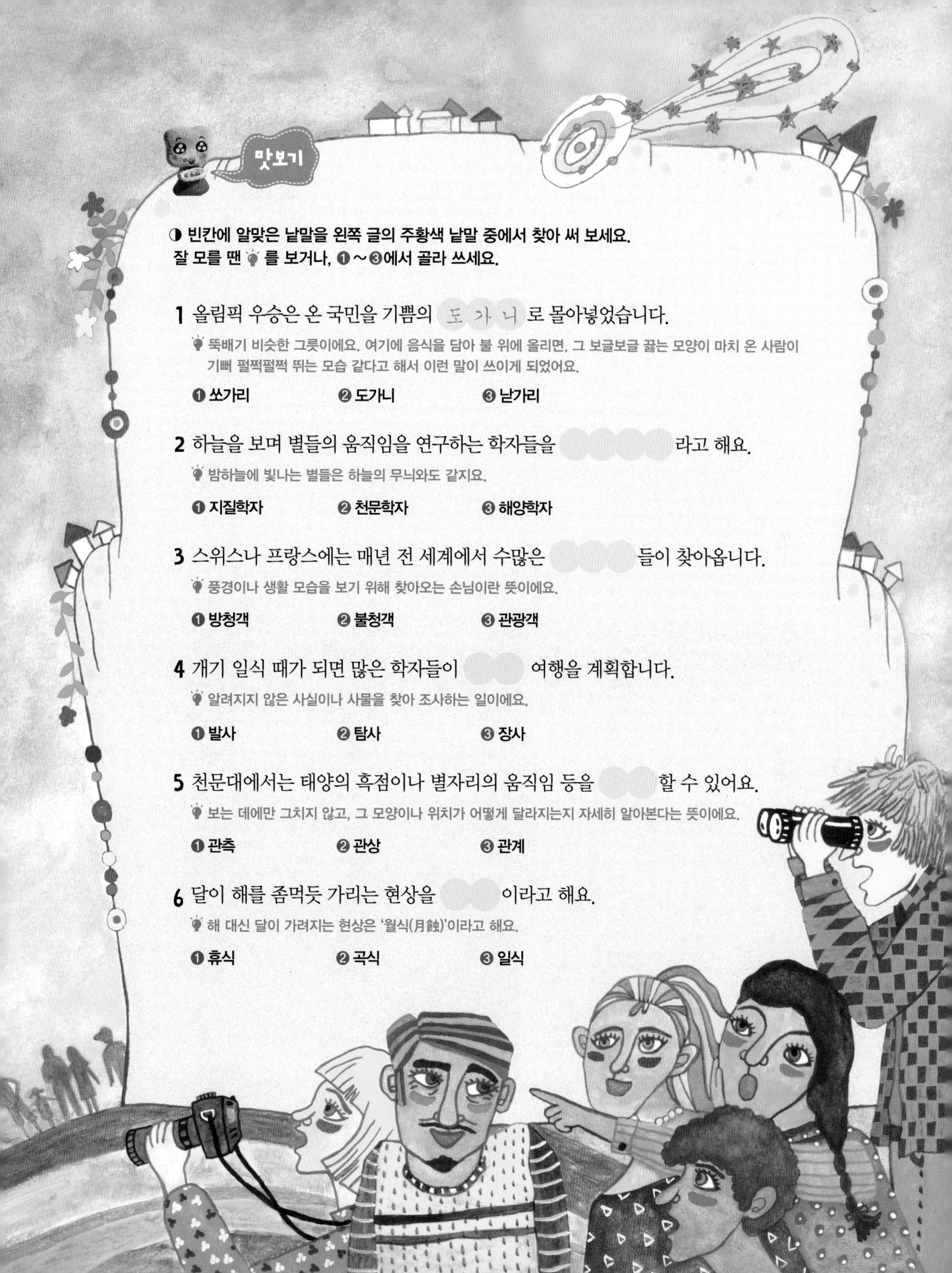

맛보기

◑ 빈칸에 알맞은 낱말을 왼쪽 글의 주황색 낱말 중에서 찾아 써 보세요.
잘 모를 땐 💡 를 보거나, ❶~❸에서 골라 쓰세요.

1 올림픽 우승은 온 국민을 기쁨의 도 가 니 로 몰아넣었습니다.

💡 뚝배기 비슷한 그릇이에요. 여기에 음식을 담아 불 위에 올리면, 그 보글보글 끓는 모양이 마치 온 사람이 기뻐 펄쩍펄쩍 뛰는 모습 같다고 해서 이런 말이 쓰이게 되었어요.

❶ 쏘가리 ❷ 도가니 ❸ 낟가리

2 하늘을 보며 별들의 움직임을 연구하는 학자들을 ____ 라고 해요.

💡 밤하늘에 빛나는 별들은 하늘의 무늬와도 같지요.

❶ 지질학자 ❷ 천문학자 ❸ 해양학자

3 스위스나 프랑스에는 매년 전 세계에서 수많은 ____ 들이 찾아옵니다.

💡 풍경이나 생활 모습을 보기 위해 찾아오는 손님이란 뜻이에요.

❶ 방청객 ❷ 불청객 ❸ 관광객

4 개기 일식 때가 되면 많은 학자들이 ____ 여행을 계획합니다.

💡 알려지지 않은 사실이나 사물을 찾아 조사하는 일이에요.

❶ 발사 ❷ 탐사 ❸ 장사

5 천문대에서는 태양의 흑점이나 별자리의 움직임 등을 ____ 할 수 있어요.

💡 보는 데에만 그치지 않고, 그 모양이나 위치가 어떻게 달라지는지 자세히 알아본다는 뜻이에요.

❶ 관측 ❷ 관상 ❸ 관계

6 달이 해를 좀먹듯 가리는 현상을 ____ 이라고 해요.

💡 해 대신 달이 가려지는 현상은 '월식(月蝕)'이라고 해요.

❶ 휴식 ❷ 곡식 ❸ 일식

돋보기 1 개기 일식을 관측하기 위해 사람들은 쉴 새 없이 카메라 셔터를 누르며

거리를 걸을 때나 산책하면서 풍경을 보는 건 그냥 '본다'고만 해.
개구리 뒷다리나 메뚜기 더듬이는 '관찰'해야 볼 수 있지.
'관찰'은 좀 더 자세히 살피며 보는 거란다.
목적에 따라서는 관찰을 꽤 오랫동안 해야 할 때도 있어.
달의 모양이 초승달에서 보름달로, 그믐달로 달라지는 과정을 보려면
적어도 한 달 동안 같은 자리에서 달의 모양을 꾸준히 관찰해야겠지?
'관측'이란, 오랜 시간 동안 대상을 보면서 그 변화나 움직임을 관찰하는 것이야.

- 낱 자세히 들여다보고【觀】 변화를 헤아림【測】.
- 교 눈이나 기구를 이용하여 대상의 상태나 변화를 자세히 관찰하며 보는 일.
- 예 망원경으로 북두칠성을 관측했다.

- 낱 전체를 두루 살피며【觀】 봄【覽】.
- 교 전시된 유물, 그림, 연극, 운동 경기 등을 구경하는 일.
- 예 친구와 함께 공연을 관람했다.

'관람'은 두루 살피며 보는 일이야.
박물관이나 전시회에 가면 관람료를 내야 해.
그리고 관람객이 되어 전시물을 구경하지.
관찰이나 관측처럼 자세히 보진 못하지만,
전체를 한눈에 바라보며 살피는 것이 '관람'이란다.

이따금 부모님들이 수업을 지켜볼 때가 있지?
이것을 참관 수업이라고 하지.
'참관'은 직접 참가하여 지켜보는 것이야.

- 낱 직접 참가하여【參】 지켜봄【觀】.
- 교 어떤 모임이나 행사에 직접 가서 지켜보는 것.
- 예 학부모들이 수업을 참관하기로 했다.

빈칸에 알맞은 낱말을 〈보기〉에서 골라 써 보세요.

〈보기〉 참관, 관측, 관람

- 이번 전시회는 전국에서 몰려든 ❶ (　　) 인파로 북새통을 이루었다.
- 스승의 날이면 학부모들이 수업을 ❷ (　　) 하러 학교에 오신다.
- 우리 가족은 이번 주말에 별자리를 ❸ (　　) 하러 천문대에 갈 계획이다.

'관(觀)'은 어떤 대상을 바라보는 눈, 생각이나 태도를 가리키기도 한단다.
다음 글에서 '관(觀)'을 포함한 낱말이 어떤 뜻으로 쓰였는지 생각해 보자.

> 어린 시절, 콩설기는 몸에 가득한 콩점 때문에 친구들에게 놀림을 많이 받았어요. 그래서 부모님을 원망하고 세상을 비관하며 살아왔지요. 하지만 지금은 그렇지 않아요. 콩설기는 자신의 콩점을 자랑스러워하고 있답니다. 이 모든 것은 인절미 할머니 덕분이에요. 할머니는 콩설기의 슬픔을 방관하지 않고, 콩설기의 장점을 일깨워 주었거든요. 콩의 영양가에 대해 알게 된 콩설기는 떡을 보는 관점을 바꾸게 되었답니다. 보기 좋고 예쁜 떡이 아니라, 몸에 좋고 영양가 있는 떡이 더 좋은 떡이라는 생각을 하게 된 것이지요.

무슨 일이든 나쁜 쪽으로만 생각하거나,
자신을 못났다고 생각하는 것,
이것이 '비관'이란다.

낱 교 나쁘고 슬프게만【悲】 봄【觀】.

예 세상을 비관만 하는 사람은 어떤 일도 할 수 없다.

그 일에 상관하지 않고 곁에서 보기만 하는 거야.
한술 더 뜬 것이 '수수방관'이지.
소매 속에 손을 넣고 구경만 하겠다는 태도니까 말이야.

낱 교 곁에서【傍】 보고만【觀】 있음.

예 큰불이 났는데도 그는 방관만 하고 있다.

대상을 바라보는 지점을 '관점'이라고 해.
어떻게 보느냐에 따라 똑같은 일이
좋게 보일 수도, 나쁘게 보일 수도 있단다.

낱 교 바라보는【觀】 지점【點】.

예 세상을 보는 관점은 사람마다 다르다.

쏙쏙 문제

빈칸에 알맞은 낱말을 〈보기〉에서 골라 써 보세요.

〈보기〉 관점, 방관, 비관

- 남의 집 불구경하듯, 넌 지금 수수 ❶ ______ 하고 있는 거야!
- 작가가 대상을 어떤 ❷ ______ 에서 보느냐에 따라 글의 중심 생각이 달라진다.
- 세상을 너무 ❸ ______ 적으로 보면 안 된다.

한자의 뜻과 유래에 대한 설명을 읽고, 한자를 익혀 보세요.

觀

5급

볼 관

총 25획 | 부수 見, 18획

새는 사람보다 훨씬 멀리 볼 수 있어.
또 눈이 머리 양쪽에 붙어 있어서 시야가 넓지.
그런 새들이지만, 먹이를 찾고 사냥하는 일은 늘 어렵기만 해.
풀【艹】 속에 숨은 먹잇감을 보고 두 눈【口口】을 부릅뜬 새【隹】가 있어.
바로 황새【雚】지. 황새가 먹잇감을 보는【見】 모습이 바로 '관(觀)'이란다.

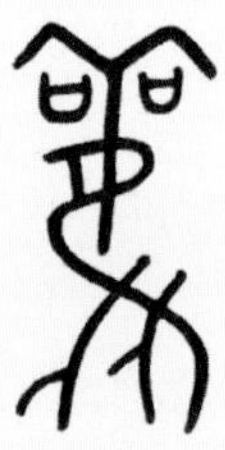

황새를 나타낸 옛 글자.

한자 암기카드

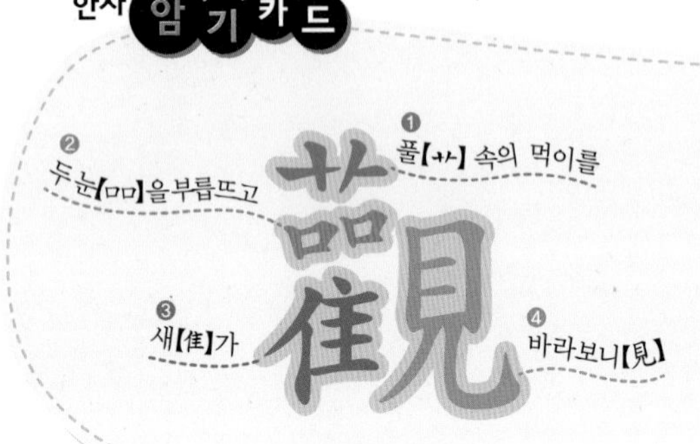

풀【艹】 속의 먹이를 두 눈【口口】을 부릅뜨고
새【隹】가 바라보니【見】, 볼 관.

艹 + 口口 + 隹 + 見 = 觀

풀 초 (두 눈) 새 추 볼 견 볼 관

歡

4급

기뻐할 환

총 22획 | 부수 欠, 18획

황새【雚】가 기분 좋게 하품【欠】하니, 기뻐할 환(歡).
모처럼 사냥에 성공해서 배불리 먹고 나면,
어디 편한 곳에 누워 달콤한 잠이라도 자고 싶어질 거야.
배를 두드리며 입을 크게 벌리고 하품하는 새의 모습을 상상해 봐.
'하품 흠(欠)'은 사람이 기지개를 켜며 하품하는 모습에서 나온 글자란다.
'하품 흠(欠)'과 '황새 관(雚)'이 합쳐지면 '기뻐하다'라는 뜻의 '환(歡)'이야.
매우 기쁠 때 지르는 '환호성', 기쁜 마음으로 대한다는 뜻의 '환대'에 쓰여.

'한자 암기카드'를 보고 빈칸에 들어갈 말을 써 보세요.

① ( )【艹】 속의 먹이를 두 ② ( )【口口】을 부릅뜨고 ③ ( )【隹】가 ④ ( )【見】, 볼 관(觀).

觀의 뜻은 보다 이고, 음은 ⑤ ( ) 입니다.

觀의 어원을 생각하면서 필순에 따라 써 보세요.

觀 觀

觀	觀	觀	觀	觀			

제 3 일차

1

❶~❺의 뜻에 맞는 낱말이 되도록 흰 접시 안에 알맞은 글자를 쓰세요.

❶ 나쁘고 슬프게 보는 일이에요. 예) 처지를 ○관하다.

❷ 박물관 등에 가서 두루 살피며 보는 일이에요. 예) 영화를 관○하다.

❸ 직접 참가하여 지켜보는 일이에요. 예) 수업을 ○관하다.

❹ 상태나 변화를 자세히 관찰하며 보는 일이에요. 예) 천문을 관○하다.

❺ 곁에서 아무 일도 하지 않고 보고만 있는 거예요. 예) 수수○관하다.

람, 참, 측, 방 네 글자 가운데 하나를 골라 쓰세요.

2

<보기>의 한자를 완성하려면 어떤 길로 가야 할지 알맞은 글자를 따라 선을 긋고, 완성된 한자를 빈칸에 쓰세요.

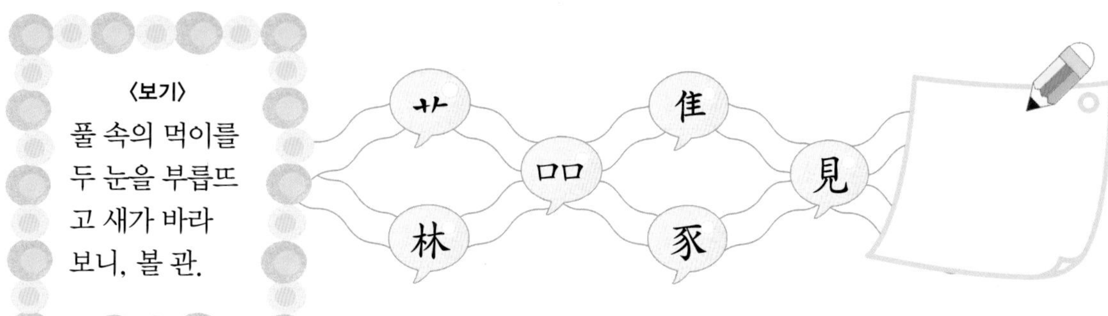

천문학자들은 물론이고, 수많은 사람들이 탐사 여행을 계획하지요

오른쪽 사진은 최초로 달에 착륙한 아폴로 11호의 우주인이야.
인류가 우주로 '탐사'선을 띄운 지 20여 년 만에 달을 밟는 데 성공한 거야.
이후 지금까지 수많은 탐사선이 우주로 발사되어 왔지.
최근에 발사된 화성 탐사선 피닉스호는 화성 표면에서
소금의 흔적을 발견해서 큰 화제가 되기도 했어.
탐사선의 임무는 바로 무언가를 찾아내고 조사하는 일이란다.

최초로 달을 밟은 우주인.

낱 알려지지 않은 사물이나 사실을 샅샅이 찾아【探】 조사함【査】.

교 자세히 조사하여 알아봄.

예 지질 탐사, 화성 탐사.

'탐(探)'은 무언가를 찾는다는 뜻이야.
셜록 홈스처럼 아무리 어려운 사건이라도 기어이 범인을 찾아내는 사람을 '탐정'이라고 하지. 찾는 것과 관계있는 단어를 조금 더 알아볼까?

낱 교 (무언가를) 샅샅이 찾음【探索】.

드러나지 않은 답을 찾는다는 뜻이야. 정보를 '탐색'하거나, 범인을 탐색한다는 뜻으로 써.

예 범인의 행방을 탐색 중이다.

낱 교 찾아【探】 알아냄【知】.

감춰진 것을 찾아내 안다는 뜻이야. '거짓말 탐지기'나 마약 탐지견은 감춰진 것을 찾아내 줘.

예 레이더는 방향을 탐지하는 일을 한다.

낱 교 몰래 살피고【廉】 찾음【探】.

전쟁이 일어나면 적의 약점을 알아내야 유리해. 그래서 '염탐꾼'을 보내 몰래 엿보게 한단다.

예 남의 집을 염탐하다.

빈칸에 알맞은 낱말을 〈보기〉에서 골라 써 보세요.

〈보기〉 탐색, 탐사, 염탐

- 지질 ❶ (   ) 결과 이곳이 먼 옛날 공룡들이 살았던 곳이라는 사실을 알아냈다.
- 아테네의 대장은 스파르타 측에 ❷ (   ) 꾼을 보내어 적의 상황을 살폈다.
- 숙제를 하거나 보고서를 쓸 때에는 인터넷으로 정보를 ❸ (   ) 하면 편리하다.

다음 글 속의 색깔 낱말은 우주 탐사와 관계있는 것들이야.
어떤 뜻인지 생각하면서 글을 읽어 보자.

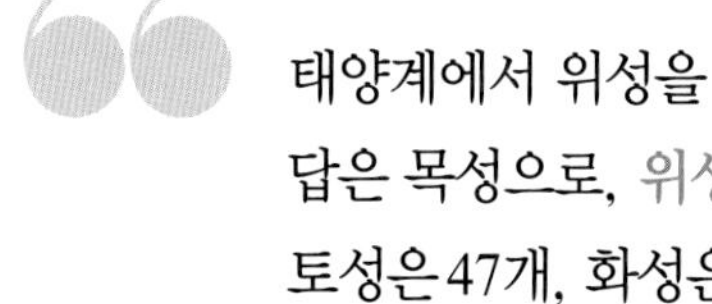

태양계에서 위성을 가장 많이 가진 행성은 무엇일까?
답은 목성으로, 위성이 63개나 된다.
토성은 47개, 화성은 2개, 지구는 달 하나뿐이다.
하지만 '인공위성'까지 합치면 단연 지구가 1위다.
지구 주위에는 수백 개의 인공위성이
궤도를 따라 돌고 있기 때문이다.

지구를 돌고 있는 인공위성.

낱·교 항성의 주위를 다니는【行】 별【星】.

태양과 같은 항성의 주위를 도는 별이야.
항성은 스스로 빛을 내며, 항상 일정한 자리에 있는 별이지.
지구도 태양의 주위를 도는 '행성'이란다.

예 태양계에는 수성, 금성 등 여덟 개의 행성이 있다.

낱·교 행성의 주위를 지키는【衛】 별【星】.

위성은 행성을 지키듯 행성의 주위를 도는 별이야.
달은 지구의 주위를 도는 위성이지.
인공위성은 사람이 만들어 쏘아 올린 '위성'이란다.

예 달은 지구의 위성이다.

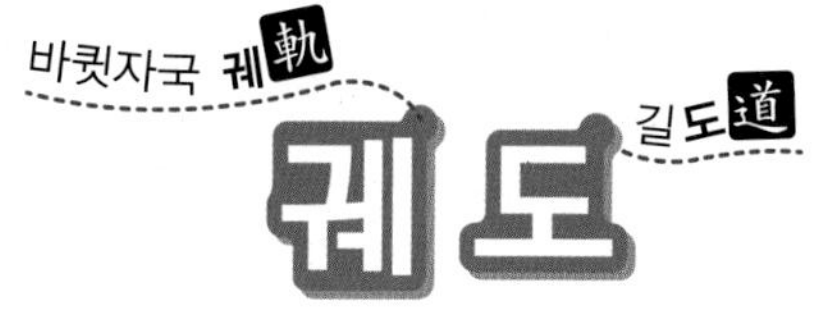

낱·교 수레가 지나간 바퀴자국【軌】이 난 길【道】.

수레가 지나가면 길 위에 바퀴자국이 남지? '궤도'란
이 바퀴자국이 난 길이야. 따라서 움직이도록 정해진 길을 말해.
어떤 일이 궤도에 올랐다고 하면 정상적으로 잘 진행된다는 뜻이야.

예 기차가 정상 궤도로 운행하다.

빈칸에 알맞은 낱말을 〈보기〉에서 골라 써 보세요.

〈보기〉 궤도, 위성, 행성

- 태양의 주위에는 지구, 화성, 금성 등 여덟 개의 ❶ ______ 이 돌고 있다.
- 지진의 영향으로 기차가 ❷ ______ 를 이탈하는 사고가 났다.
- 수많은 인공 ❸ ______ 이 지구 주위를 돌며 천체를 관측하고 정보를 보내온다.

한자의 뜻과 유래에 대한 설명을 읽고, 한자를 익혀 보세요.

探

4급

찾을 탐

총 11획 | 부수 扌, 8획

몇백 년, 몇천 년 동안 사람의 발이 닿지 않았던
무덤 속을 찾아 들어간 탐험가를 떠올려 보렴.
떨리는 손으로 나무 덤불을 들추고
안에 사람이 있나 없나 두리번거릴 거야.
손【扌】으로 덮여【冖】 있던 사람【儿】과 나무【木】를 찾아내는 일,
이것이 바로 '찾을 탐(探)'이란다.

한자 암기카드

손【扌】으로 덮여【冖】 있던 사람【儿】과 나무【木】를 찾아내니, 찾을 탐.

扌 + 冖 + 儿 + 木 = 探

손 수 / 덮을 멱 / 사람 인 / 나무 목 / 찾을 탐

❸ 儿은 사람 인(人)이 글자의 밑에 쓰일 때의 모습임.

深

준4급

깊을 심

총 11획 | 부수 氵, 8획

물【氵】에 덮여【冖】 사람【儿】도 나무【木】도 안 보이니, 깊을 심(深).
탐험가들은 때로 바닷속도 거리낌없이 들어가야 해.
바닷속은 깊이 들어갈수록 빛이 들지 않아서 캄캄해.
함께 들어간 사람도, 나무도, 물에 가려 보이지 않아.
물【氵】에 덮여【冖】 사람【儿】도 나무【木】도
보이지 않는 깊은 바닷속,
이것이 바로 '깊을 심(深)'이란다.

나? 깊은 바닷속을
탐사 중이야.

'한자 암기카드'를 보고 빈칸에 들어갈 말을 써 보세요.

❶ ( )【扌】으로 ❷ ( )【冖】 있던 ❸ ( )【儿】과 ❹ ( )【木】를 찾아내니, 찾을 탐(探).

探의 뜻은 (찾 다) 이고, 음은 ❺ ( ) 입니다.

探의 어원을 생각하면서 필순에 따라 써 보세요.

探 探 探 探 探 探 探 探 探 探 探

探	探	探	探	探			

1 돌담 안에 든 낱말 가운데 ❶~❸의 뜻에 맞는 낱말을 찾아 ◯로 묶고, 빈칸에 낱말을 쓰세요.

지
탐
사
행
성
위
성
돈
궤
도
심
사
염
탐

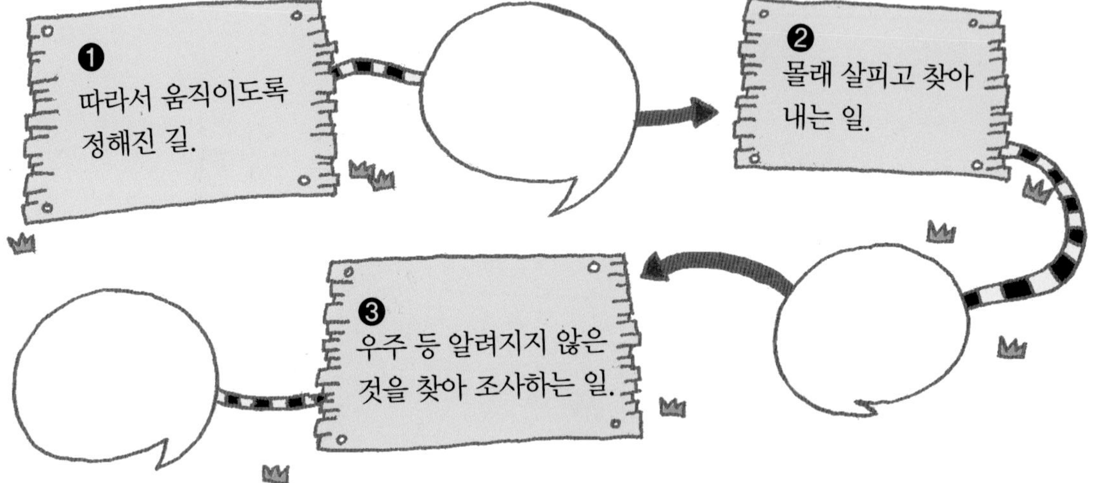

❶ 따라서 움직이도록 정해진 길.
❷ 몰래 살피고 찾아내는 일.
❸ 우주 등 알려지지 않은 것을 찾아 조사하는 일.

나란히 붙어 있는 두 글자로 된 낱말이에요.

2 〈보기〉에서 설명하는 한자를 빈칸에 각각 쓰세요.

〈보기〉 ❶ 손으로 덮여 있던 사람과 나무를 찾아내니, 찾을 탐.
❷ 물에 덮여 사람도 나무도 안 보이니, 깊을 심.

❶

❷

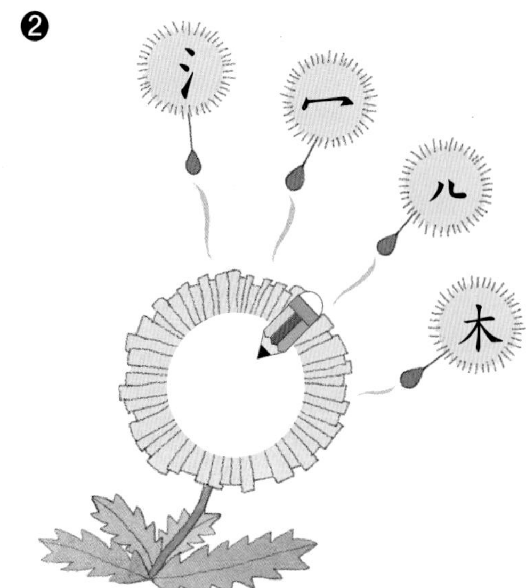

바깥쪽에 있는 글자들을 합치면 한자의 모양을 알 수 있어요.

2008년 9월 17일 수요일 날씨 맑음

'욕심쟁이'라고 써야 해.

성준이는 욕심장이다. 선생님께서 선물로 주신 주스를 우리 조가 하나씩 나눠 가져야 하는데, 병원에 입원해 있는

'자기가'라고 써야 옳겠지.

영미 것도 지가 갖는다고 가방에 넣었다. 다른 애가 뺏으

'처럼'이라고 쓴단다.

려고 하니까 목이 마른 사람 처럼 벌컥벌컥 들이키는 거다.

'들이켜는'이라고 써야 해.

정말 한심해 보였다.

*이 글은 초등학교 4학년 어린이가 쓴 일기입니다.

욕심 많은 욕심쟁이, 잘 만드는 대장장이

욕심을 부리는 성준이는
'욕심장이'가 아니라 '욕심쟁이'라고 써야 한단다.
'장이'는 '어떠한 일과 관련된 기술을 가진 사람'이라는
뜻을 가진 단어에만 붙어 다니는 말이거든.
욕심을 부리는 것은 기술이 아니니까 '장이'를 붙일 수 없겠지.

아하, 나는 멋쟁이!
쟁이
• 어떤 특성이나 성질을 많이 가진 사람.
예 멋쟁이, 떼쟁이, 고집쟁이.
그럼 나는 옹기장이
장이
• 기술을 가진 사람
예 시멘트를 잘 바르는 미장이.
옹기를 잘 만드는 옹기장이.
칼을 잘 만드는 대장장이.

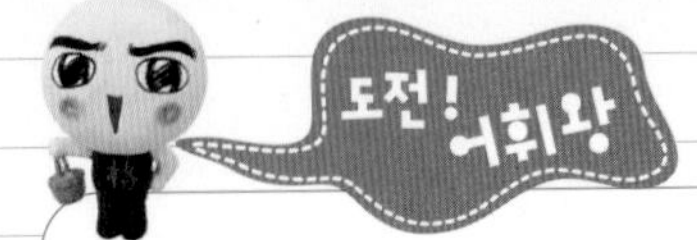

1 〈보기〉의 ❶~❹에 해당하는 낱말을 따라 길에 줄을 그으세요.

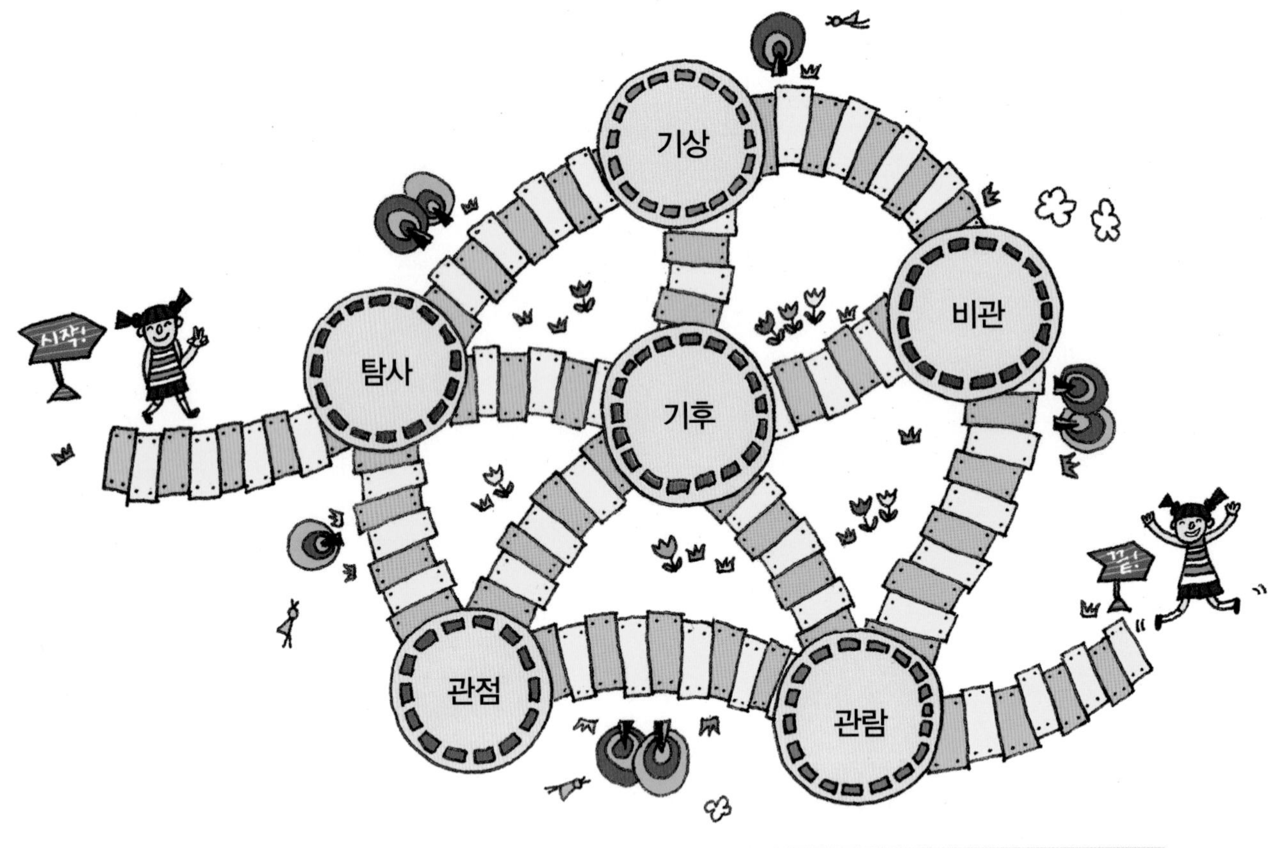

〈보기〉 ❶ 알려지지 않은 사물이나 사실을 샅샅이 찾아 조사함.
❷ 일정한 곳에서 규칙적으로 반복되는 날씨 현상.
❸ 대상을 바라보는 지점.
❹ 두루 살피며 바라보는 일.

❶은 길이 시작하는 지점에, ❹는 길이 끝나는 지점에 있어요.

2 〈보기〉의 한자를 완성하려면 어떤 길로 가야 할지 알맞은 글자를 따라 선을 긋고, 완성된 한자를 빈칸에 쓰세요.

〈보기〉
물에 덮여 사람도
나무도 안 보이니,
깊을 심.

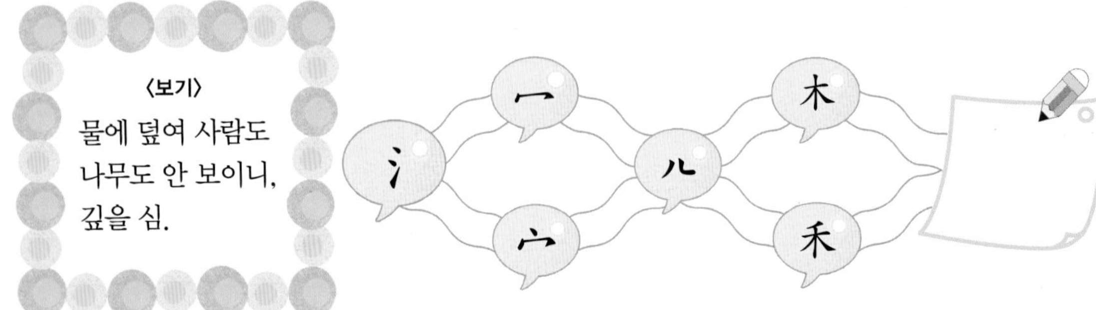

3

빈칸의 글자와 '관'이 합쳐지면 두 글자의 낱말이 완성됩니다.
❶~❸의 뜻에 맞는 낱말이 되도록 빈칸에 알맞은 글자를 쓰세요.

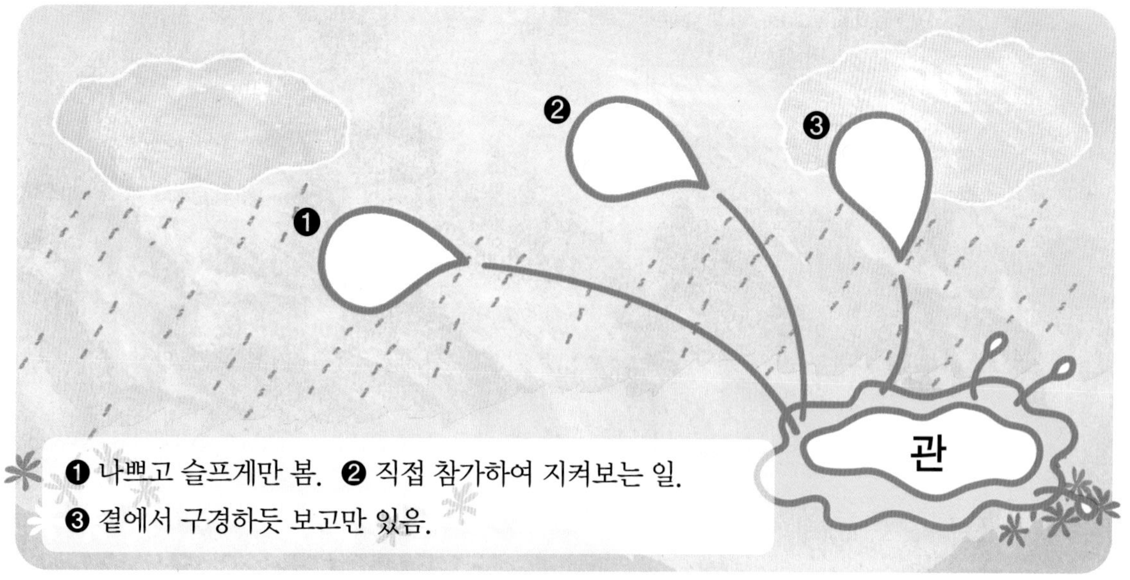

❶
❷
❸
관
❶ 나쁘고 슬프게만 봄. ❷ 직접 참가하여 지켜보는 일.
❸ 곁에서 구경하듯 보고만 있음.

비, 참, 방 세 글자 가운데 하나를 찾아 쓰세요.

4

❶~❹에서 사다리를 타고 가다 만나는 빈칸에 알맞은 한자를 쓰세요.

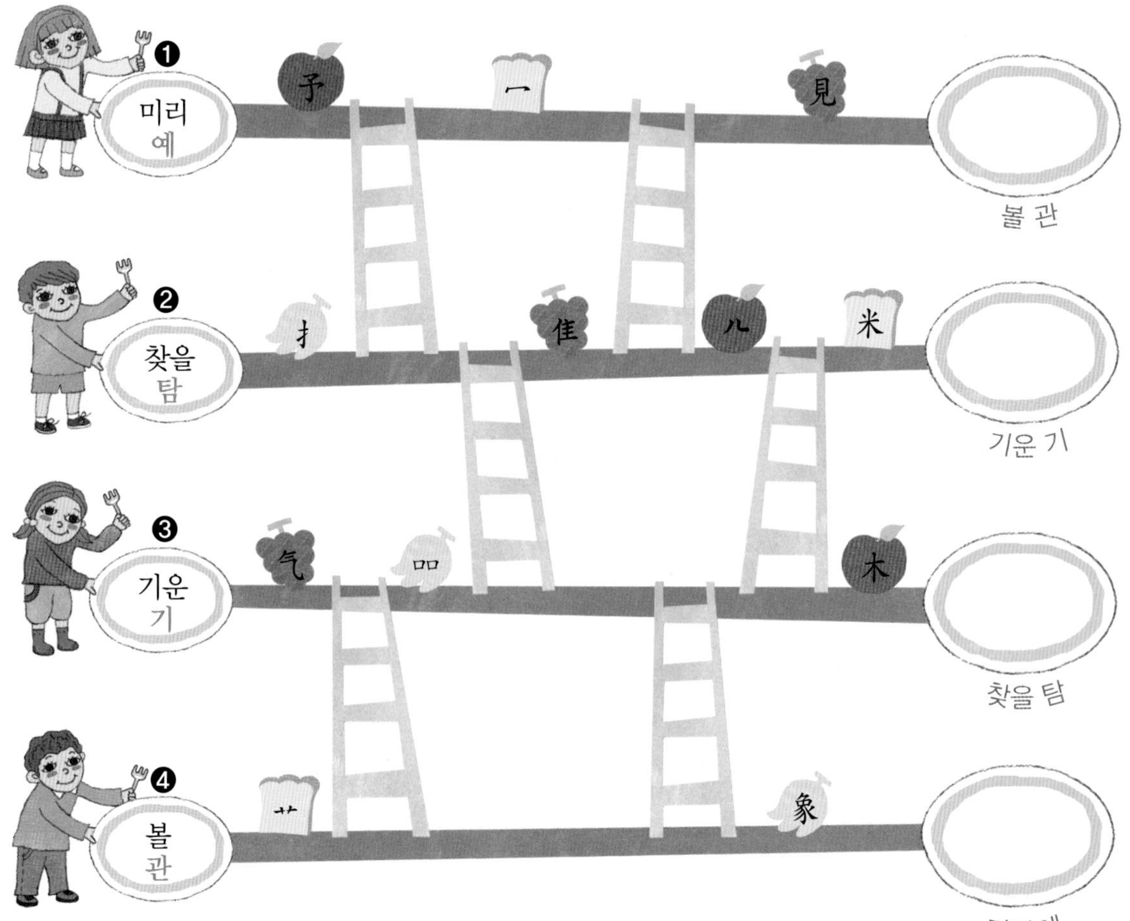

사다리 중간에 만나는 글자들을 합치면 한자가 완성됩니다.

평가 문제

1. 〈보기〉에서 설명하는 '나'는 누구인지 세 글자로 써 보세요.

〈보기〉 나는 기온을 잴 때 쓰는 작은 집 모양의 흰색 상자입니다.
백여 개의 잎 모양으로 된 상자라는 뜻의 이름을 갖고 있습니다.

(   )

2 ~ 4 다음 글을 읽고 물음에 답하세요.

쑥개떡 : 공주님, 이번 겨울에 제주도로 여행을 가신다면서요?
백설기 : 응, 주로 식물원과 박물관을 (㉠)할 생각이란다.
쑥개떡 : 제주도는 겨울에도 따뜻하다지요? 일기 (㉡)는 확인하셨어요?
백설기 : 응. 하지만 오래 머물진 못할 것 같아. 예산이 너무 빠듯하거든.

2. ㉠에 들어갈 알맞은 낱말은 무엇인지 고르세요. (   )

❶ 관찰 ❷ 관람 ❸ 관측
❹ 참관 ❺ 방관

3. ㉡에 들어갈 낱말로, '미리 알리는 일'이라는 뜻을 가진 두 글자의 한자어를 쓰세요.

(   )

4. 〈보기〉의 뜻을 가진 낱말을 위 글에서 찾아 쓰세요.

〈보기〉 어떤 일에 얼마나 돈이 쓰일지 미리 계산해서 계획을 세워 두는 일.

(   )

5. 다음 중 맞는 설명은 ○표, 틀린 설명은 ×표 하세요.

(1) 달은 지구 주위를 도는 위성이다. ································ (   )
(2) 태양은 항상 그 자리에 있는 행성이다. ························· (   )
(3) 태양계에는 지구 외에도 수성, 금성, 목성 등의 행성이 있다. ········ (   )

6. **빈칸에 들어갈 말을 알맞게 이어 보세요.**

(1) 셜록 홈스는 (   )이다. •　　　• 예보

(2) 부모님께서 수업을 (   )하러 오셨다. •　　　• 탐정

(3) 시작하기도 전에 불길한 (   )이 들었다. •　　　• 예감

(4) 소풍 가기 전에는 일기 (   )를 확인한다. •　　　• 참관

7~9 **다음 글을 읽고 물음에 답하세요.**

계절에 따른 우리 지역의 (　㉠　)를 알아보기 위해서는 컴퓨터 통신의 기상청 홈페이지로 들어가, 초기 화면에서 '기후 정보'를 클릭한다. 화면이 나오면, 왼쪽에 있는 '통계 자료'의 '월 평년값'을 클릭한다. 화면에 나온 월 평년값에서 지역별 평균 ㉡**기온**과 강수량 등에 대하여 알아본다.

7. **㉠에 들어갈 말로, 〈보기〉의 뜻을 가진 낱말을 쓰세요.**

〈보기〉 일정한 곳에서 규칙적으로 반복되는 날씨 현상.

(   )

8. **㉡의 뜻으로 바른 것을 고르세요. (   )**

❶ 공기의 온도　　❷ 공기의 무게

❸ 공기의 습도　　❹ 공기의 변화

❺ 공기의 이동 방향

9. **'날씨를 관측하고 예보하는 일을 하는 관청'이란 뜻의 낱말을 위 글에서 찾아 세 글자로 쓰세요.**

(   )

10. **밑줄 친 낱말 중 '찾을 탐(探)'이 쓰이지 않은 것을 고르세요. (   )**

❶ 오늘날에는 우주로 수많은 **탐사선**을 보내고 있습니다.

❷ 춘향을 괴롭힌 변사또는 **탐관오리**로 유명하다.

❸ 사령관은 적군의 움직임을 **염탐**하는 데 많은 노력을 기울였다.

❹ 엄마는 아침부터 시장에 관한 정보를 **탐색**하느라 바쁘시다.

❺ 거짓말 **탐지기** 앞에서 태연하게 거짓말을 할 수 있을까?

엑스포, 밖으로 드러내 놓고 전시하는 박람회

엑스포Expo라는 말 들어 봤니?
엑스포는 여러 가지 물품을 모아서 전시하는 것을 말하는데,
흔히 박람회라고 하지.
엑스포Expo는 엑스포지션exposition의 줄임말이야.
엑스포지션exposition의 **ex-**가 '밖의, 밖으로'라는 뜻이고 **-pos**가 '놓다, 두다'라는 뜻이거든.
그래서 엑스포지션exposition, 즉 엑스포Expo는 밖으로 드러내 놓고 전시하는 것,
박람회라는 의미가 된 거야.

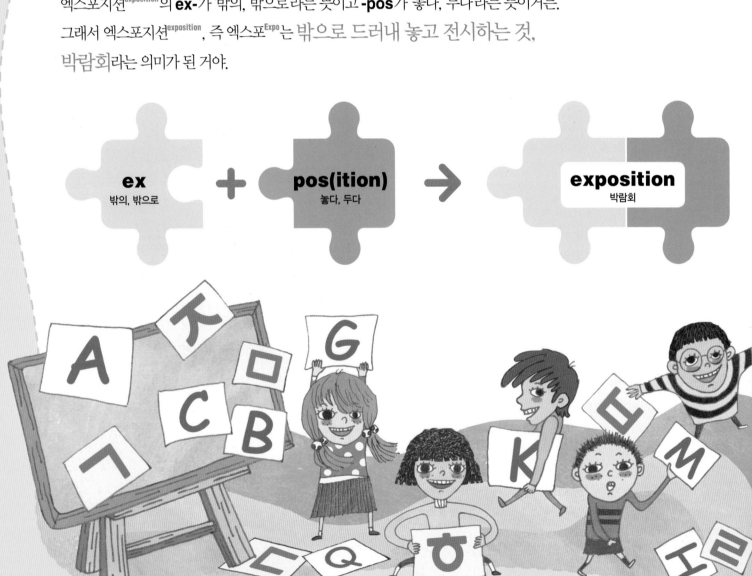

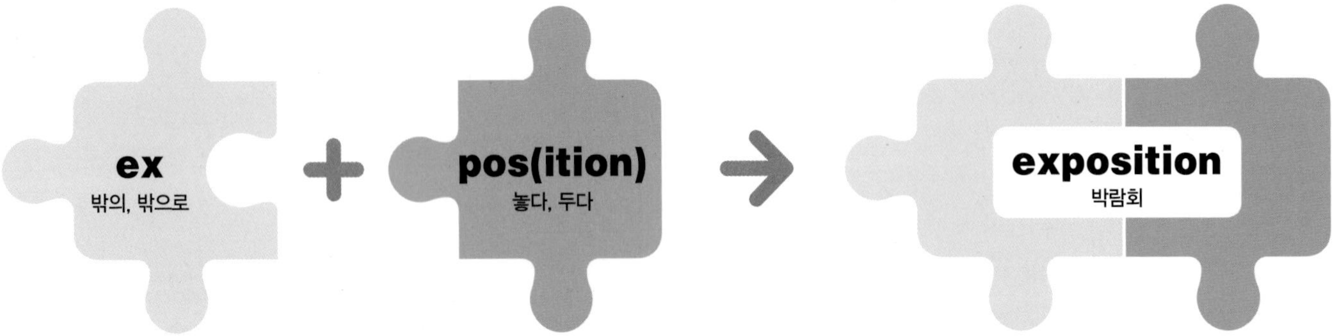

ex
밖의, 밖으로

\+

pos(ition)
놓다, 두다

→

exposition
박람회

음료 중에 홍삼 엑기스라고 있지?
여기서 엑기스라는 말은 원래 엑스트랙트[extract]에서 나온 말이야. 일본 사람들이 잘못 발음한 것이 우리나라로 전해지는 바람에 지금까지도 그대로 쓰이고 있는 거지.
엑스트랙트[extract]는 '밖으로'를 뜻하는 엑스[ex-]와 '뽑아내다'라는 뜻의 트랙트[-tract]가 합해져서 무언가를 '밖으로 뽑아낸다'는 의미가 된 거야.
그러니까 홍삼 엑기스는 우리말로 하면 홍삼 추출액이라고 할 수 있겠지.
자, 그럼 '엑스[ex-]'가 붙어 있는 단어들을 알아볼까?

excite

올림픽이나 월드컵처럼 아주 흥미롭거나 기대되는 일이 있을 때 우리는 흥분되지. 익사이트[excite]는 바로 그런 의미야. 즉, '마음속의 감정을 밖으로[-ex] 불러 일으키는[-cite] 것'을 말하지.

exit

여기서 **-it**는 '가다'의 의미야. 따라서 엑시트[exit]는 밖으로 나가는 곳, '출구'를 뜻해. 극장이나 음식점 등의 건물에서 〈**Exit** 출구〉라고 쓰여 있는 표지를 많이 봤을 거야.

export

port는 '항구'를 뜻해.
그래서 엑스포트[export]는 항구를 통해 밖으로 나가는 것을 말하는데, 이게 무엇일까?
바로 '수출하다'라는 뜻이야.

express

익스프레스[express]는 자신의 감정이나 생각을 밖으로[ex-] 밀어내는 것[press], 즉 '생각이나 감정을 밖으로 표현하는 것'을 뜻해.
'표정'이라는 뜻의 익스프레션[expression]도 여기에서 나온 거야.

콕콕 정답

제1일차

05쪽 1. 밀물 2. 해수면 3. 기상청 4. 기온 5. 예보 6. 침수

06쪽 ❶ 온도 ❷ 百 일백 백

07쪽 ❶ 기상청 ❷ 기후 ❸ 기상

08쪽 ❶ 기운 ❷ 쌀 ❸ 기

09쪽

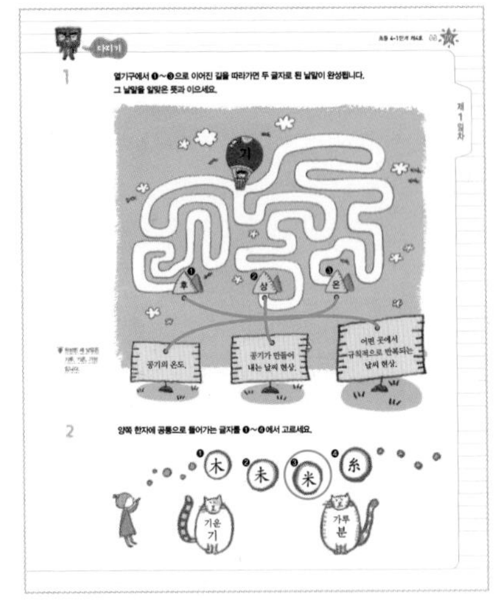

제2일차

10쪽 ❶ 예측 ❷ 예보 ❸ 예언

11쪽 ❶ 예감 ❷ 예산 ❸ 예정

12쪽 ❶ 자기 ❷ 코끼리 ❸ 예

13쪽

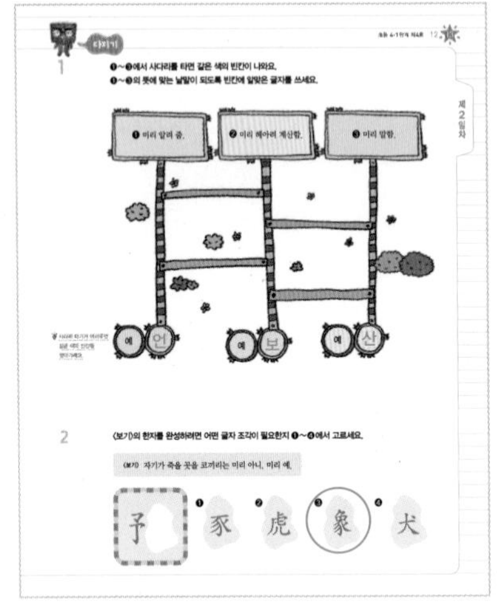

제3일차

17쪽 1. 도가니 2. 천문학자 3. 관광객 4. 탐사 5. 관측 6. 일식

18쪽 ❶ 관람 ❷ 참관 ❸ 관측

19쪽 ❶ 방관 ❷ 관점 ❸ 비관

20쪽 ❶ 풀 ❷ 눈 ❸ 새 ❹ 바라보니 ❺ 관

21쪽

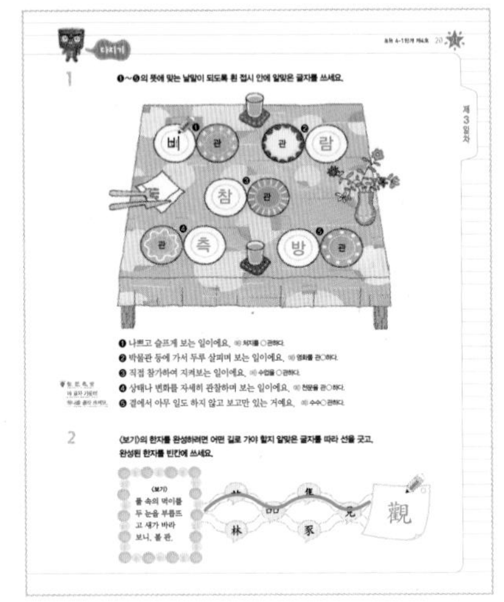

제4일차

22쪽 ❶ 탐사 ❷ 염탐 ❸ 탐색

23쪽 ❶ 행성 ❷ 궤도 ❸ 위성

24쪽 ❶ 손 ❷ 덮여 ❸ 사람 ❹ 나무 ❺ 탐

25쪽

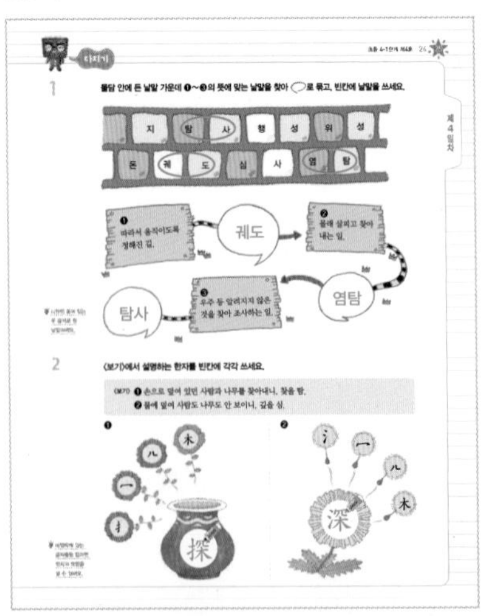

제5일차

도전! 어휘왕

28-29쪽

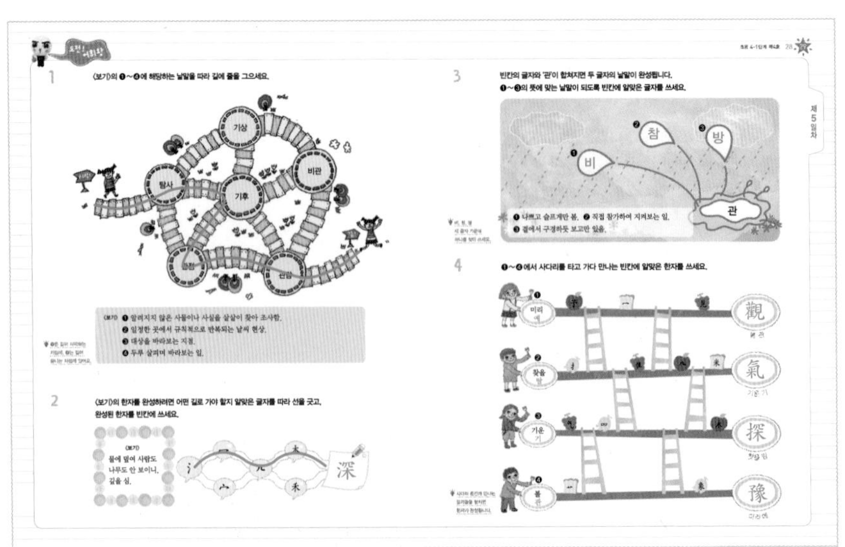

평가 문제

30-31쪽 1. 백엽상 2. ❷ 3. 예보 4. 예산 5. (1) ○ (2) X (3) ○ 6. (1) 탐정 (2) 참관 (3) 예감 (4) 예보 7. 기후 8. ❶ 9. 기상청 10. ❷

쉽게 풀어 설명한 24절기

24절기는 1년을 24개로 나눈 거야.

과학적으로 말하자면, 지구가 태양 주위를 한 바퀴 도는 주기를

24개로 나눈 거지. 24절기는 농사짓는 일과 밀접한 관계가 있단다.

2월 4일경	입춘(立春)	봄【春】에 들어서는【立】 시기.
2월 18일경	우수(雨水)	봄비【雨】에 개울물【水】이 불어나는 시기.
3월 5일경	경칩(驚蟄)	개구리【蟄】가 겨울잠을 깨고 나오는【驚】 시기.
3월 21일경	춘분(春分)	봄【春】이 되어 밤낮의 길이가 같게 나뉘는【分】 시기.
4월 5일경	청명(淸明)	하늘빛이 선명하고【淸】 밝아지는【明】 시기.
4월 20일경	곡우(穀雨)	봄비【雨】가 곡식【穀】을 윤택하게 하는 시기.
5월 6일경	입하(立夏)	여름【夏】에 들어서는【立】 시기.
5월 21일경	소만(小滿)	만물이 자라나 조금씩【小】 익어 가는【滿】 시기.
6월 6일경	망종(芒種)	수염이 있는 종자【芒種】인 보리를 수확하는 시기.
6월 21일경	하지(夏至)	여름【夏】에 이르는【至】 시기.
7월 7일경	소서(小暑)	더위【暑】가 약하게【小】 시작되는 시기.
7월 23일경	대서(大暑)	심한【大】 더위【暑】가 느껴지는 시기.
8월 8일경	입추(立秋)	가을【秋】에 들어서는【立】 시기.
8월 23일경	처서(處暑)	더위【暑】가 식는【處】 시기.
9월 8일경	백로(白露)	풀잎에 흰【白】 이슬【露】이 맺히는 시기.
9월 23일경	추분(秋分)	가을【秋】이 되어 밤낮의 길이가 같게 나뉘는【分】 시기.
10월 8일경	한로(寒露)	차가운【寒】 이슬【露】이 내리는 시기.
10월 23일경	상강(霜降)	서리【霜】가 내리는【降】 시기.
11월 8일경	입동(立冬)	겨울【冬】에 들어서는【立】 시기.
11월 23일경	소설(小雪)	작은【小】 눈【雪】이 내리는 시기.
12월 7일경	대설(大雪)	큰【大】 눈【雪】이 내리는 시기.
12월 22일경	동지(冬至)	겨울【冬】에 다다르는【至】 시기.
1월 6일경	소한(小寒)	작은【小】 추위【寒】가 오는 시기.
1월 20일경	대한(大寒)	큰【大】 추위【寒】가 오는 시기.

마법의 상위권 어휘 스스로 평가표

01

다음 네 낱말 중 뜻을 자신 있게 말할 수 있는 낱말은 ○표, 알쏭달쏭한 낱말은 △표, 자신 없는 낱말은 ×표 하세요.

기온 (　　) | 예보 (　　) | 관측 (　　) | 탐사 (　　)

02

다음 네 한자 중 음과 뜻을 자신 있게 말할 수 있는 것은 ○표, 알쏭달쏭한 것은 △표, 자신 없는 것은 ×표 하세요.

氣 (　　) | 豫 (　　) | 觀 (　　) | 探 (　　)

03

〈평가 문제〉를 모두 풀고 정답을 확인해 보세요. 10문항 중 내가 맞힌 문항 수는 몇 개인가요?

❶ 9-10 문항 (　　) | ❷ 7-8 문항 (　　) | ❸ 3-4 문항 (　　) | ❹ 1-2 문항 (　　)

| 부모님과 선생님께 |

위에서 어린이가 스스로 적은 내용을 보고, 어린이가 어려워하는 부분을 함께 보면서
어휘의 뜻과 쓰임을 이해할 수 있도록 해 주세요.